Europa encadenada

SAMI NAÏR

Europa encadenada

El neoliberalismo contra la Unión

Traducción de
Esther Pomares Cintas

Galaxia Gutenberg

Traducción del francés: Esther Pomares Cintas

Publicado por
Galaxia Gutenberg, S.L.
Av. Diagonal, 361, 2.º 1.ª
08037-Barcelona
info@galaxiagutenberg.com
www.galaxiagutenberg.com

Primera edición: enero de 2025
Segunda edición: marzo de 2025

Preimpresión: Maria Garcia
Impresión y encuadernación: Romanyà-Valls
Sant Joan Baptista, 35, La Torre de Claramunt-Barcelona
Depósito legal: B 47-2025
ISBN: 978-84-10317-65-9

Índice

Segunda parte
EUROPA, VECTOR DE LA GLOBALIZACIÓN NEOLIBERAL

Tercera parte
UNIDAD Y DIVERGENCIAS INTEREUROPEAS

Cuarta parte
LA DEMOCRACIA EUROPEA
DAÑADA

Quinta parte
CUANDO VUELVEN LOS PELIGROS

Sexta parte
EL MEDITERRÁNEO, ENTRE EL DESINTERÉS Y LA INQUIETUD

Séptima parte
LA GUERRA QUE EUROPA CREÍA HABER DEJADO ATRÁS

Octava parte
EUROPA, ENTRE EL ESTANCAMIENTO Y EL RENACIMIENTO

«Lo que más nos hace sufrir es ver distorsionado lo que amamos... Esta idea de Europa... necesitamos toda la fuerza del amor... para conservar en nosotros su juventud y sus fuerzas... Europa todavía tendrá que hacerse... Aún está por hacerse...».

Tercera carta a un amigo alemán, 1944,
ALBERT CAMUS

Para Gabrielle, Samuel y Adèle, los tres mosqueteros

Prólogo

¿Hasta qué punto Europa, proyecto de unión de los Estados-nación europeos, nace como solución a los problemas seculares de las relaciones conflictivas entre ellos? El alegato de sus «padres fundadores», como cauce para «evitar», ante todo, futuras guerras fratricidas, omite, deliberadamente, el deber de consultar a las poblaciones sobre los aspectos sociales y políticos de un proyecto «común» en el que se verían involucradas. De hecho, todo parece haber sucedido como si, a partir del final de la Segunda Guerra Mundial, las élites y clases dirigentes de antaño, sobrecogidas por la carga sangrienta que impusieron a los pueblos de Europa desde las guerras napoleónicas del siglo XIX hasta los estragos de 1914 y 1940, se vieran obligadas a reorganizarse, ahora sin la violencia del pasado, en un sistema mundial radicalmente nuevo, que ya no controlaban. La originalidad de la decisión por una Europa unida reside tanto en esta voluntad de redistribución de los poderes nacionales como en la presencia de un tercer país –Estados Unidos de América–, surgido en el tablero europeo como tributo a su participación victoriosa y decisiva en la guerra contra el eje nazi-fascista y, luego, como garante de un sistema de seguridad frente a la Unión Soviética, potencia elevada al rango de principal enemigo de las democracias liberales. Fueron precisamente los vínculos entre estos tres polos –redistribución pacífica de las relaciones de fuerza entre las naciones europeas, papel estratégico determinante de EE.UU., y la necesidad de formar un bloque económico capitalista y liberal frente a la URSS– los que sustentaron la necesidad de una unión europea después de 1945. Por otro lado, tampoco es casualidad que la desaparición de la amenaza soviética marcara, a la vez, el comienzo de la crisis interna del bloque europeo a partir de la década de 1990, lo que creó las condiciones para reprogramar el proyecto europeo en virtud, sobre todo, de la política de adhesión de los países del Este. Se inauguraba así una era de nuevos conflictos con la Rusia postsoviética.

A partir de la década del 2000, la ampliación hacia el Este revela, más allá de la solidaridad moral e histórica con los pueblos hasta entonces sujetos al mando soviético, la huida hacia delante de una Europa occidental que evita afrontar, cara a cara, el problema de su conformación como *Europa política*, confederal o federal. Mientras que el Tratado de Maastricht hacía posible, tras la adopción de la moneda única, abrir un debate sobre la Europa política (es cierto que lo intentó el entonces ministro de Asuntos Exteriores alemán, Joschka Fischer), los dirigentes europeos se satisfacían con la ampliación hacia el Este, en sintonía con la ideología mercantilista ultraliberal del presidente de la Comisión de Bruselas entre 2004 y 2014, José Manuel Durão Barroso.

Es preciso decirlo claramente: la voluntad de procrastinar la cuestión sobre la naturaleza política de la Europa en vías de construcción constituía el signo de la época. Se declinaba la construcción política democrática en favor de un enfoque de la Unión Europea estrictamente tecnocrático y económico, destinado a extender, en lo posible, el mercado hacia el Este: la Europa resultante es un cuerpo sin cabeza, fruto, en realidad, de su condición de ser crisol y vector de la globalización neoliberal. La guerra que Rusia declaró a Ucrania en 2022 muestra el enorme coste que supone la falta de un cuerpo político, tanto en materia de política exterior común como de defensa. Paralizada en su crecimiento político, todo parece indicar que la Unión Europea tendrá grandes dificultades para salir de esta situación si no se enfrenta a la crisis existencial que la embarga.

La mirada analítica que se plasma a lo largo de este ensayo, que escarba en los derroteros de la UE desde su nacimiento, no es, en absoluto, la expresión del rechazo a Europa como proyecto civilizador. No albergo el *euroescepticismo*, que, como todo escepticismo, en filosofía no es más que una forma de duda erigida en teoría; tampoco creo en el antieuropeísmo nacionalista, que es un callejón sin salida y sólo puede conducir a la impotencia histórica; y temo, dadas las relaciones de poder que se están forjando en el seno de la globalización neoliberal, la alternativa propuesta por los partidarios del Brexit, pues diluir Europa en una gran zona de libre comercio mundial marcaría su fin como civilización específica.

Todo lo contrario. Este libro retoma el hilo conductor y argumental de la necesidad de encontrar una nueva inspiración, un renacimiento europeo, un alegato que sustente la voz comprometida e irrevocable de una Europa democrática, solidaria y social; comprometida porque, sin unión política y económica, las fortalezas de la civilización europea serán aplastadas por las garras de las grandes potencias del siglo XXI; e irrevocable porque no hay otra alternativa frente al retorno de los nacionalismos fanáticos que, a lo largo del siglo XX, llevaron a Europa al suicidio.

He tratado de ir a la raíz de los problemas. Mi análisis se articula en ejes temáticos de diversa índole. Veamos a continuación cuáles son los principales.

Como punto inicial, abordo una aproximación teórica a la problemática de la «identidad europea», que no pretende definir esta difícil y controvertida cuestión, pero que debe, a mi entender, condicionar y justificar la propia idea de la «necesidad» histórica de Europa. Tras esa reflexión discursiva, el primer asunto se refiere a las dos etapas que caracterizan la construcción europea desde 1953: entre esa fecha y el Acta Única de 1986, es la orientación liberal la que prevalece, con naciones europeas involucradas en general en Estados sociales específicos, que hicieron posible la reconstrucción económica tras la Segunda Guerra Mundial. La segunda fase empieza en los años 1980, como respuesta al advenimiento del neoliberalismo encarnado por la ofensiva del capitalismo americano y británico (Ronald Reagan y Margaret Thatcher); era en realidad, sobre todo, una orientación impulsada por la pareja franco-alemana dirigente del proceso de creación de un conjunto europeo. La fecha clave es la de la adopción oficial del Acta Única en 1986, cuyas consecuencias siguen rigiendo hoy en día el sistema europeo.

A partir de ahí, se ha producido una inversión radical en la construcción europea, un paso imperceptible y pacífico en la forma, pero violento en el fondo, del liberalismo democrático al neoliberalismo autoritario, liderado por tecnocracias que escapan del control democrático. Los Estados-nación, en lugar de ser los garantes y detentar el monopolio de la resolución de los conflictos de intereses entre los diversos estratos y clases sociales, esto es, la esencia misma de una democracia liberal pluralista, se han convertido en vectores directos o indirectos de la dominación de dos instancias supranacionales: la Comisión Europea y el Banco Central europeo. Estas instituciones ejercen sus funciones formalmente al servicio de un «interés general europeo» que, sin embargo, nunca se ha definido con rigor y, a menudo, se ve condicionado y orientado por los intereses de las fuerzas económicas transnacionales que reinan en el sistema global europeo.

Ahora bien, el «neoliberalismo» se opone plenamente al liberalismo histórico. No necesita la democracia para lograr sus objetivos, ni la soberanía de los Estados-nación para legitimarse: de ahí el intrínseco «déficit democrático» y la falta de soberanía europea. El Parlamento Europeo, que procede de la soberanía directa en unos comicios en los que los ciudadanos no aciertan a saber qué hay detrás de la integración europea, no dispone del poder legislativo, ni puede encarnar una suerte de contrafuerza efectiva (aunque ha conseguido el poder de aprobar el presupuesto europeo) pese a sus enormes esfuerzos. En definitiva, se dan todas las condiciones para que el neoliberalismo se erija como bandera de la UE: para propagarse y consolidarse, no sólo demanda reducir el papel del Estado en todos los sectores de la actividad económica y social, sino transferir poderes esenciales (presupuesto, moneda, déficit público, etcétera) del Estado-nación a la instancia supranacional que los pone al servicio del mercado neoliberal. Objetivo logrado, cuya consecuencia histórica más importante es la imposición, o, mejor dicho, la "naturalización", de una *cultura general de restricciones sociales* en nombre del éxito económico del conjunto europeo. Este libro traza un rápido recorrido por esta transformación histórica, en el que se distinguen dos ciclos fundamentales, entre 1953 y 1986, y entre 1986 y 2019.

La segunda idea recae sobre la formación, desde la década de 1970 hasta la actualidad, de una alianza *estratégica* entre la derecha y la socialdemocracia para construir «Europa». Es la expresión de una operación ideológica que, en la práctica, ha llevado a minimizar cualquier perspectiva de transformación social en territorio europeo. De ahí el olvido del ideal socialista que, desde finales del siglo XIX y a lo largo del siglo XX, había incitado los anhelos de los movimientos populares europeos; de ahí, también, la puerta abierta al auge del populismo de extrema derecha de estos cuarenta últimos años. El socialismo francés y la socialdemocracia alemana han desempeñado un papel de primer orden en esta metamorfosis. No es que se trate de una conspiración, y menos aún de una simple traición por parte de la izquierda europea; realmente, esta orientación conservadora-socialdemócrata es el fruto de la *creencia* en una nueva ideología, que llamaría *paneuropeísta*, que se arraiga en los valores democráticos de los Tratados fundacionales de la Unión Europea, y que legitima la institucionalización del neoliberalismo económico como una tercera vía entre la derecha y la izquierda. Para la izquierda europea, esta nueva ideología actúa como un sustituto cómodo ante la desagregación de los relatos emancipadores de antaño (socialismo, comunismo, etcétera).

En 1997 el primer ministro del Gobierno británico, Tony Blair, apoyándose en las ideas de Anthony Giddens, popularizó la retórica de la «tercera vía», es decir, la de un «social-liberalismo» opuesto al conservadurismo y a la socialdemocracia, con la finalidad de «modernizar» el socialismo en el sentido de adaptarlo al capitalismo financiero contemporáneo. En cierto modo, se trata de una manera de plasmar la voluntad de acabar con el proyecto socialdemócrata al servicio de la emancipación social, de dejar de pensar el socialismo como modelo de sociedad y de economía alternativo al capitalismo en sus diversas versiones. El «social-liberalismo» de Blair es un querer ahogar en las profundidades el ideal socialista. Y es esta concepción, propia de la nueva era de la pragmática, la que prevalece en Europa, desde que Blair y el socialdemócrata alemán Gerhard Schröder, en la línea del compromiso entre François Mitterrand y Helmut Kohl en la década de 1980, la adoptaron en un *Manifiesto* conjunto el 8 de junio de 1999, dando así legitimidad definitiva a esta «tercera vía».

El fracaso de esta estrategia se hizo evidente en el desplome financiero mundial de 2008, a partir de la crisis del euro y la imposición, por parte de la democracia cristiana alemana, de medidas drásticas de austeridad, lo que abrió el surco de deslegitimación de la socialdemocracia europea. Más allá de las diferencias de intereses sociales e ideológicos, más allá de las tremendas consecuencias sociales de esta crisis, el pacto de construcción de una Europa común está, de hecho y de derecho, únicamente en manos de las fuerzas conservadoras europeas.

Por otro lado, la irrupción en la escena de nuevas formas de movilización política (verdes, alternativas, movimientos ciudadanos de reconocimiento de derechos, etcétera), junto a una profunda crisis del capitalismo internacional y la escalada irrefrenable del populismo de extrema derecha, son indicios que nos advierten de que la alianza estratégica entre la derecha y la socialdemocracia está cada vez más cuestionada. Los sectores más dinámicos de la socialdemocracia, aquellos que han sabido renovarse parcialmente (España es un buen ejemplo de ello), avanzan ahora hacia la conformación de bloques de transformación integradores de las corrientes que se han mantenido fieles a la idea de emancipación social. Es cierto que aún no existe, como tal, un paradigma alternativo al neoliberalismo dominante, pero el camino recorrido puede contribuir a trazar un futuro deseable para la izquierda progresista. Por el contrario, la derecha europea tiende a buscar alianzas con la extrema derecha, y acabará, salvo si la izquierda renovada sabe hacerle frente, por legitimarse para gobernar la Unión Europea. En cualquier caso, es un retorno histórico a la realidad de las luchas sociales e ideológicas en Europa.

El cuarto punto concierne al entorno geopolítico europeo. Aquí se aborda tanto la cuestión del flanco Sur como los problemas del Mediterráneo y de Oriente Medio, sin prejuzgar los resultados de los conflictos abiertos en curso y la responsabilidad de Europa en su desarrollo (flujos migratorios, doble rasero en Oriente Medio, etcétera). Asimismo, este entorno está actualmente condicionado por la invasión rusa de Ucrania y la amenaza que esta supone para los países europeos. La tendencia natural de los Estados miembros, incapaces de ponerse de acuerdo para conformar una Europa independiente y soberana en política y en materia de defensa, es refugiarse en el seno norteamericano de la OTAN, que, obviamente, exigirá, a cambio, un precio aún mayor del que Europa ha pagado desde el final de la Segunda Guerra Mundial, en términos de sumisión y dependencia. Más que en la economía, este es, sin duda, el barómetro del gran fracaso de Europa, setenta años después de la Declaración Schuman.

Para concluir, debo confesar que me habría gustado mostrarme entusiasta y optimista respecto a Europa, pero las evidencias impiden que me tome cualquier licencia poética. Prefiero el *eurorrealismo,* porque refleja mejor mi convicción de que la razón política práctica, que no confundo con la de Estado, es más útil para la historia que todas las ilusiones enfáticas y utópicas. Siempre he desconfiado del «pensamiento único», que sigue movilizando a muchos cuando de la Unión Europea se trata. Creen que Europa fluye a velocidad de crucero, sin asomarse a sus vértices, que hacen aguas. Hay que hacer sonar la sirena del barco cuando va a la deriva, volver a puerto y emprender, bajo su renaciente sonido, una nueva travesía más segura para sus habitantes. La última parte de este ensayo, dedicada a un renacimiento de una Europa unida y autónoma, se inscribe en esta perspectiva sin pretender explicar, por supuesto, toda su complejidad. La respuesta a la pregunta planteada al comienzo de este prefacio parece obvia: la Unión Europea sólo tiene una función histórica, que es la de servir a los pueblos europeos y mejorar su condición social y política. Sin una identidad política común, Europa seguirá siendo lo que es hoy: una maquinaria que apenas disimula las duras, y a menudo implacables, relaciones de poder y de dominación entre las naciones que la constituyen, pero también su debilidad de conjunto frente al mundo exterior.

Primera parte

HACIA UNA IDENTIDAD EUROPEA

«Europa sólo podrá construirse con una mística europea.»[1]

CHRISTIAN DE BARTILLAT

1. «L'Europe ne pourra se construire qu'autour d'une mystique européenne», entrevista en *L'Europe et les intellectuels*, p. 36, Gallimard, colección Idées, París, 1984.

CAPÍTULO 1

Algunas reflexiones preliminares

Es una pregunta que, a menudo, se olvida y que, sin embargo, debería ser un requisito previo para recapacitar sobre la Europa de hoy: ¿existe una identidad europea común?, ¿cómo sería esa identidad? ¿Acaso esta palabra, *identidad*, no se presta a que se le atribuyan cientos de matices y es utilizada a ciegas en los discursos cotidianos de los dirigentes de la Unión Europea?

Sí se puede afirmar, en cambio, que el proyecto de unificación europea de principios de la década de 1950 no estaba orientado a salvaguardar una hipotética identidad común de los europeos,[2] sino que nació de la voluntad de las élites dirigentes, sobre todo democristianas y liberales, de resolver de forma pacífica las divergencias de intereses económicos.[3] Es el caso del acero y el carbón entre Francia y Alemania, países que mantenían una relación, particularmente latente, de sospecha, rencor y humillación.[4]

2. Aunque, desde los años 1930, la militancia a favor de la unificación europea se desarrolló intensamente. Véase el *Memorándum* de Aristide Briant en 1935.

3. Véase, más adelante, en la segunda parte de este libro, el papel de Jean Monnet y Robert Schuman como personajes emblemáticos. Monnet, en sus *Mémoires* (Arthème Fayard, 1976), describe con detalle estos conflictos y su rol decisivo en el lanzamiento del proyecto europeo.

4. Véase Jean-Baptiste Duroselle, *L'Europe, histoire de ses peuples*, París, Perrin, 1990, p. 359.

En la configuración inicial del proyecto de una unión europea, la geopolítica desempeñó también un papel determinante motivado por los intereses del aliado norteamericano, que, inmerso en la Guerra Fría con la Unión Soviética, necesitaba un conjunto europeo que respondiera a los imperativos estratégicos de la OTAN.[5] Desde ese pilar, la idea reposa sobre un juego semántico y altamente pragmático: la red de intereses que se generan en el espacio de mercado vincula a los socios y se convierte, en sí misma, en fuente de una identidad de pertenencia común. Es lo que Monnet había denominado «la creación de la solidaridad por los hechos».[6] Sin embargo, la historia de la construcción europea, desde el Acta fundacional de la Declaración Schuman de 9 de mayo de 1950, revela la extrema dificultad de trascender de la economía a la identidad *política* común.

La diferencia de intereses geopolíticos y estratégicos entre los Estados miembros de la Unión, sean fundadores o recién adheridos, grandes o pequeños, es un obstáculo permanente y recurrente a la hora de conjugar el espacio económico mercantil establecido (un federalismo *de hecho* de la economía comercial) y la defensa de una identidad política, imprescindible para la *integración global*, para formular un sistema de federación o bien una confederación europea *in actu*. Dicho de otro modo: no se puede alcanzar la unidad política de pertenencia común sólo a través de la unión económica; se trata de un *sorpasso* imposible, salvo si se considera que la identidad común es ya «posnacional», lo que es pura y sencillamente espectral, dado que el sistema mundial está compuesto

5. No es casualidad que, desde los años cincuenta, la primera ruptura (1954) entre Francia y Alemania, a propósito del proyecto de una Comunidad Europea de Defensa, se produjera por la negativa alemana a construir, como quería Francia, una defensa europea propia, distinta de la preconizada bajo el mando norteamericano.

6. «Europa no se hará de un golpe ni en una construcción de conjunto: se hará mediante realizaciones concretas que creen una solidaridad de hecho», en *Mémoires*, París, Fayard, Livre de poche, 1976, p. 440.

todavía (y para mucho tiempo) de Estados-nación. La *identificación transnacional* no existe ni entre los pueblos europeos ni en el mundo.

Desde el principio, la vertiginosa vena economicista de los grupos dirigentes pasó de puntillas por la cuestión de la identidad común. Las singularidades nacionales, las múltiples historias, la diversidad extraordinariamente rica de las poblaciones europeas se devuelven al pasado y se encierran en el cajón de la nostalgia para no tener que enfrentarse al reto de articular una identidad política, y menos aún una seña identitaria de pertenencia común. *La confusión entre la identidad de intereses y la identidad de pertenencia es precisamente lo que no había sido pensado dentro de un proyecto ceñido a la economía y al mercado.*

Hoy en día, el rumbo del proyecto de integración europea está en tela de juicio. La falta de acuerdo político para tomar una dirección distinta más allá de la custodia de un espacio económico, las contradicciones surgidas entre los intereses estratégicos de las naciones, el desafío no resuelto de los flujos migratorios del sur, las demandas de ampliación a otros países europeos, la escalada de los nacionalismos regresivos y populistas y, finalmente, la dificultad de imponer normas de solidaridad a los países que no la aceptan son las señas que caracterizan el periodo actual: un estado de cosas que precisaría, sin duda, otra óptica, una refundación europea, si no se quiere optar por la renuncia al proyecto mismo de conjunto. Apostar por repensar adecuadamente la integración europea en las circunstancias dadas exigirá, además de examinar a fondo las fracturas sociales, políticas y económicas, el retorno al eje transversal y desatendido: la identidad europea, su concepto y viabilidad articulados sobre la diversidad y la historia de las naciones europeas. Veamos a continuación cuáles son sus claves.

NACIONALISMOS E IDENTIDAD EUROPEA

La cuestión de la identidad europea es tan antigua como la propia noción de Europa. Tiene, al mismo tiempo, parafraseando a Plutarco, su Teseo y su Rómulo. Evocada en la mitología heleno-mediterránea (el rapto de Europa), antes de que el Imperio romano y el cristianismo asentaran sus cimientos, la Europa cultural y confesional era una realidad histórica que surgió en el Renacimiento. A finales del siglo XV una civilización europea comienza a florecer, conducida por el genio comercial y comunal de ciudades italianas, españolas, francesas, holandesas e inglesas: es ciudad, urbana y ya nacional o en proceso de formación de Estados-nación.[7] Es este vasto movimiento histórico lo que la diferencia de su entorno geocultural africano y asiático de la época. Su concepto sustancial tiene dos caras: cristiana y, desde el Renacimiento, también humanista.

El trasfondo dibuja el semblante de una civilización comercial común que convive con periodos de agitación religiosa que hacen quebrar el poder omnipresente del cristianismo posmedieval. El monopolio de la configuración de la identidad europea ya no es exclusivamente religioso, porque intervienen tanto el humanismo del siglo XVIII como el naciente nacionalismo estatal secular, cuyo origen se remonta a la Guerra de los Treinta Años y al Tratado de Westfalia. El latín, que había conseguido sacralizar una pertenencia común transmitida por la Iglesia, da paso a identidades lingüísticas nacionales que, a su vez, arraigan en la mentalidad de los pueblos. Al mismo tiempo, la delimitación de los espacios territoriales, propios de las diferenciaciones estatales y políticas, conduce a la formación de identidades diversificadas, abiertas al comercio y al intercambio, pero cerradas en lo que concierne a los intereses

7. Véase el patético llamamiento de Maquiavelo, en *El Príncipe*, para la formación y la unificación de una nación italiana contra el desmantelamiento de las ciudades indefensas ante el conquistador extranjero (francés o español).

particulares y a la propia singularidad de cada nación. La era de los grandes enfrentamientos políticos –no sólo de los Estados, como en el pasado, sino ahora de los pueblos, sobre todo a partir de la Revolución francesa y en los siglos XIX-XX– es indicativa de pertenencias separadas, opuestas, no compartidas, que no se cuestionan hasta después de la Segunda Guerra Mundial.

Tal vez «cuestionar» sería una palabra demasiado intensa en este contexto. Mejor hablar de «negociaciones identitarias», para evitar, en primer término, conflictos bélicos, y luego para crear progresivamente un espacio de pertenencia compartida que formaría, a largo plazo, un destino común. Hoy nos encontramos en ese espacio de identidad, y no en una cultura de identidad europea estructurada y comúnmente aceptada.

Como ya he señalado, los fundadores de la Europa posterior a la Segunda Guerra Mundial, con su visión pragmática, toman el «atajo» de generar intereses comunes mediante la fusión progresiva de las economías, es decir, a través de los intercambios y la interdependencia comercial. Dicha visión es propia de los retos de los capitalismos europeos, como buscar mercados de más amplio espectro en el marco de una economía abierta. La ampliación económica y comercial continua y gradual de la UE, en detrimento de una integración política más sólida, ha colocado sólo las semillas de una *identidad europea de condición*, no de pertenencia, por lo que aún queda mucho camino por recorrer. Esta carencia no se percibe desde dentro de las instituciones europeas, entre las élites que las gestionan: allí, todo parece épico. Pero en las sociedades reales, la narrativa es diferente y está muy alejada de la exaltación europeísta.

La falta de una identidad común europea es, desde luego, producto de la historia y no de una voluntad excluyente de los pueblos. La identidad nacional, como se sabe, es el resultado de costumbres compartidas, de usos establecidos, de comunicación lingüística, de creencias, de pertenencia a territorios concretos, simbólicos y subjetivos, interiorizados por los individuos que los comparten, de la movilidad social dentro de un mismo conjunto estatal y de un mismo espacio delimitado por fronteras, de cultura, de educación, de representación del pasado y del presente comunes y, más allá, de *sentimientos de pertenencia común* y de destino histórico. Lo que Max Adler, el teórico marxista austriaco de principios del siglo xx, llamó atinadamente la *comunidad de destino*.[8]

Ahora bien, no hay una comunidad de destino tal que comprometa el sacrificio supremo (la muerte por la patria) entre los europeos, porque, en su experiencia existencial, no forman una *nación* común. Representan decenas de naciones reconocidas, o que demandan serlo, y otros tantos pueblos diversos, con particularidades culturales y lingüísticas diferentes, a menudo conflictivos entre sí, construidos por guerras e incansables batallas. Y, por supuesto, también solidarios en cuanto a defensa de intereses comunes respecto a intereses nacionales específicos. Por ello, si se pretende construir una comunidad identitaria europea de destino es preciso ser consciente de que las identidades nacionales no están condenadas a desaparecer y que, por el contrario, quieren reconocer, integrar y asimilar sus señas en el futuro común.

«QUERER SER EUROPEOS»

Esto significa que la construcción europea no está impulsada por el eje de una identidad común sino por una *idea* europea, un *querer ser* europeo, hoy en día el principal instrumento de legitimación de la UE. Sin ser particularmente precisa en su contenido, esta idea se distingue de la noción de identidad en que es, ante todo, y en esto debería estribar su fuerza, *un proyecto racional*, un programa, un

8. Esta idea de «comunidad de destino», como origen del principio nacional, se opone a toda concepción subjetivista o psicológica de la nación, como creía, por ejemplo, en los años veinte, el ensayista Julien Benda, que, ante todo, veía en la nación la expresión del sentimiento «de orgullo» de un pueblo. Véase *La trahison des clercs* (1927). Que este existe es innegable, pero es, más bien, un atributo que un sustantivo identitario de la nación.

plan basado en el presente y el futuro. No es una pasión, como la nación, sino una razón, una utopía positiva.

La *idea europea* se aleja fundamentalmente de la *identidad nacional*, porque es una visión real e imaginaria, un relato histórico y mitológico. Sin duda puede existir también como pasión en algunos personajes históricos –Monnet, Schuman, Adenauer, De Gasperi, Spaak, etcétera–, pero incluso en ellos prevalece una justificación racional: la conformación de una unión europea, sobre todo, como una necesidad para defender intereses comunes. Además, la idea europea que brota después de la Segunda Guerra Mundial es defensiva, tanto *en sí misma como para sí misma*. En sí misma, para evitar guerras entre países europeos, especialmente dentro del rectángulo tradicionalmente turbulento –Francia, Alemania, Inglaterra, Italia–; para sí misma, con respecto a la Unión Soviética. Es sobre este trasfondo histórico y cultural que se teje la idea europea a partir de 1945.

En los últimos cuarenta años se han dado pasos considerables en el proceso de la unificación europea, y siempre en una misma dirección: consolidación de los vínculos económicos, moneda única, apuntalamiento de clases capitalistas con intereses orientados a su proyección transnacional, élites dirigentes y medios de comunicación europeos relativamente desconectados del arraigo nacional, fortalecimiento de un titánico aparato de producción normativa controlado por burócratas, tecnócratas y funcionarios europeos, y alimentado por concesiones de soberanía nacional en competencias esenciales que comprometen el rumbo de las políticas nacionales. Es una auténtica red que edifica un mundo nuevo capaz de asentar las bases de una pertenencia común en una única orientación de intereses.

En esta visión de conjunto, no es de extrañar que la «transubstanciación» de la idea de pertenencia compartida no se halle en la conciencia de los pueblos: la identidad común europea nació ligada a un proyecto elitista ajeno al sentimiento nacionalpopular, que es el que continúa predominando y determinando las respuestas intereuropeas. En efecto, si prestamos atención, veremos que el interés nacional sigue siendo decisivo también en las cuestiones comunitarias (el euro, el comercio internacional, etcétera.) Fueron, sin duda, motivaciones de orden nacional las que determinaron el Brexit, al igual que la negativa –y luego la aceptación forzada– por parte de los países del norte europeo a aplicar una política de mutualización de las deudas europeas, es decir, a hacer prevalecer la solidaridad europea en detrimento de sus respectivos intereses nacionales. Europa no es una nación.

CAPÍTULO 2

Valores comunes en formación

Lo que acabamos de señalar no significa, en modo alguno, negar la existencia de valores comunes. De hecho, se hallan consagrados, en calidad de recurrentes principios abstractos, en todos los textos fundacionales de la UE. Esta sería su dimensión *kantiana*: valores articulados según la modalidad del *Sollen* de la *Crítica de la razón práctica*, que comprometan formalmente a todos los países integrantes de la Unión. Los principios del Estado de Derecho, el respeto por los derechos humanos, constituyen el mantra de esta idea de Europa. Había que establecer unas normas mínimas entre los socios y, sobre todo, procurar distinguirlos entonces frente al bloque soviético después de la guerra.

IDENTIDADES E ILUSTRACIÓN

Los valores democráticos, relativamente entendidos, no dejan de constituir, desde luego, la base sobre la que se construye la identidad común. Se oponen o, para ser exactos, se diferencian y enmiendan la identidad *histórica* europea, elaborada sobre un telón de fondo religioso y étnico. Europa, como idea moderna, discurre sobre un trasfondo democrático y sus valores arraigan en un universalismo humanista que rechaza toda forma de discriminación. Desde este prisma, hablamos de *una identidad racionalista*, que es heredera de la Ilustración.

Ahora bien, dado que el proceso identitario europeo es de orden racional, el proyecto de unificación se vio obligado a replantear el modelo concerniente al referente «racial» y étnico. Hoy, más que nunca, este pretendido viraje, debido al impacto de los constantes flujos migratorios que afectan al continente, se pone a prueba. Aparecen nuevas formaciones identitarias que favorecen el enriquecimiento mutuo de la identidad y, al mismo tiempo, provocan, precisamente por la diferencia de usos culturales y confesionales, espacios de controversia, dificultades de convivencia y conflictos ineludibles, a veces espontáneos y otras, violentos. Las identidades establecidas son cuestionadas, incluso forzadas a adaptarse a esta nueva realidad histórica. En cierto modo, la UE se encuentra en un permanente estado de *aculturación*. Las nacionalidades cambian y también los subgrupos étnicos que tradicionalmente las constituyen.

Es este nuevo paradigma etnocultural el que justifica la revisión, en términos similares, de las condiciones de la nacionalidad en los principales países europeos (al menos de Europa occidental). Así, desde 2000, Alemania adopta el *ius soli*, sin rechazar el *ius sanguinis* que había caracterizado su ordenamiento. A la nación étnica se añade ahora la nación ciudadana, y se establece, al mismo tiempo, un derecho de ciudadanía legítimo para todos los que nacen en su territorio (incluidos los millones de turcos): se incorpora así el modelo ya imperante en Francia del *ius soli*, al hilo de los valores europeos de no discriminación racial o confesional.

Resulta imprescindible medir el alcance de la mutación identitaria que aporta esta realidad histórica, el fondo de la renovación de las poblaciones europeas. Reside en un concepto, aún no integrado en la conciencia de los pueblos tradicionales de Europa: el de *ser europeo por razón del territorio* y no por el «origen». Una noción compleja de articular en las conciencias nacionales, que son producto de siglos de pertenencia etnocultural previa a la autocentrada sobre sí misma.

La composición del tejido étnico y confesional europeo ha cambiado; en su seno aparecen nuevas etnias y confesiones que tradicionalmente se percibían exógenas, externas. *Ser europeo ya no es sólo ser blanco y cristiano*. Las sociedades democráticas más afectadas por estos cambios de población muestran ya, en su estructura de poder institucional, la imagen de su nueva identidad: es el caso de Gran Bretaña, la nación europea más avanzada en esa materia, que cuenta con dirigentes no europeos en el sentido originario y étnico del término, tanto en las grandes ciudades como en las instituciones estatales. Es un momento de inflexión en la historia de los pueblos de Europa, que no puede sino acentuarse al ritmo de las mezclas presentes y futuras. Y que genera, no hay que ocultarlo, a veces reacciones de rechazo en partes de la población de «origen».

LO CULTURAL Y LO CONFESIONAL

La otra consecuencia importante concierne a la vertiente cultural-confesional. Con la llegada de poblaciones portadoras de creencias religiosas distintas del *ethos* cristiano europeo (católico y protestante) dominante, como lo es, particularmente, el islam, se perfila una nueva configuración identitaria que debería entrañar una doble adaptación. De una parte, la necesidad de la confesión dominante (el cristianismo) de aceptar una copresencia confesional nueva. Los datos históricos indican la complejidad de esta operación si tomamos el ejemplo de la «civilización judeocristiana»: sabemos que el cristianismo, al menos hasta la segunda mitad del siglo XX, nunca ha «integrado» en su *ethos* la dimensión judaica; es difícil de explicar el intento de destrucción de los judíos en el siglo XX sino como una enloquecida exacerbación de un antisemitismo latente en la tradición cristiana. Por su parte, el judaísmo tampoco ha aceptado ser encasillado en este concepto de «judeocristianismo», salvo si se utiliza sólo a título indicativo y se hace hincapié en el origen humano del cristianismo (Jesús y los apóstoles eran judíos, pero renunciando a su religión judía).[9]

9. El fundamentalismo protestante americano percibe esta cuestión de la «alianza» con el judaísmo como pertenencia común. Véase Will Herberg,

Pues bien, con el islam, el problema es el mismo. El lugar que ocupe dependerá de cómo sea abordada la cuestión, teniendo en cuenta que sobreviene en un contexto histórico nuevo: Europa experimenta un lento proceso de descristianización, o incluso de desconfesionalización (*aculturación*); el escepticismo gana terreno, y, en reacción, el repliegue religioso como respuesta es cada vez mayor. El islam es resistente en la medida en que ha servido históricamente no sólo como creencia religiosa, sino también como identidad cultural de oposición al *ethos* occidental. Por ello, la separación entre lo espiritual y lo temporal aún no está arraigada en las poblaciones que lo sostienen. De ahí su potencial repliegue identitario. En una situación de *aculturación*, el islam es al mismo tiempo *defensivo* y *ofensivo*. Dicho de otro modo, su aceptación en territorio europeo estará condicionada ante todo por su capacidad de asumir los valores de las naciones europeas en las que vivirá, y en las que la secularización confesional es la *conditio sine qua non* de toda inserción. Las poblaciones de origen inmigrante que se declaran islámicas en Gran Bretaña, Francia, Bélgica, Alemania y Países Bajos demuestran, pese a dificultades de todo tipo y de la irrupción de corrientes fundamentalistas, que la asimilación de la secularidad occidental es posible. Una identidad común puede nacer, que englobará –sin aplastarla– la nueva religión en el seno de una condición ciudadana, un conjunto de derechos y deberes, y una pertenencia territorial común. Ser europeo es «ser de Europa». Y asumir los valores proclamados del conjunto europeo.

FRONTERAS Y ARRAIGO

¿Dentro de qué fronteras se fragua la nueva identidad de Europa que emerge?

Protestant-Catholic-Jew: An Essay in American Religious Sociology, Chicago, University of Chicago Press, 1955.

Entre el tándem inicial franco-alemán, al que se sumaron Italia y el Benelux, y la situación actual, que agrupa a veintisiete países y que previsiblemente se extenderá a 36, se ha dado un paso de gigante. Si el sueño original era construir una Europa integrada solamente por los países del núcleo inicial, hoy en día la idea de integración ha derivado a la de extensión a todos los países del Este, salvo Rusia.

Este cambio de paradigma es fundamental porque ya no se trata de construir una nación federal europea, sino de reunir 36 naciones europeas diferentes. La unión comercial y monetaria no significa su fusión en un solo pueblo. La UE no es responsable ante ningún pueblo europeo «global», que no existe, porque actualmente hay veintisiete pueblos diferentes. La frontera identitaria es, pues, la de las naciones que constituyen los márgenes territoriales que separan lo que no es europeo: al este, al sur, al oeste de Europa.

En la identidad de los europeos, el espacio territorial ha dejado de ser el producto de una historia forjada con hierro y sangre; no es ya fruto de las conquistas ni de las pérdidas de territorios que se han sucedido a lo largo de la historia. Es algo nuevo que se despliega y representa en el área de acción del mercado, de la libre circulación de mercancías, bienes, capitales y del euro (para los Estados miembros de la zona euro) e incluso de la libertad de movimiento de los ciudadanos. Un notable paso que desplaza o, más bien, ensancha los sentimientos de pertenencia de los ciudadanos, aunque no varíe el referente nacional de cada uno. Pero ¿es suficiente para crear un vínculo de identidad firme?

EL EURO, BEETHOVEN, LA GUERRA

La cuestión permanece abierta. Basta referirse al principal signo de esta pertenencia europea, que debería, sin duda, reforzar el vínculo: la moneda. Ahora bien, se trata de una seña *identitariamente desencarnada*. Podemos encontrar en los billetes brújulas, puentes, carreteras, pero nunca el semblante específico de una proyección europea como Kafka, Cervantes, Goethe o Victor Hugo. Las autoridades monetarias y políticas no han podido ponerse de acuerdo para imprimir en papel un referente que pueda identificar a los europeos sin perjudicar al vecino. Lo mismo ocurre con la bandera, ya que, a falta de acuerdo, se ha optado finalmente por reflejar la bandera *mariana* (la de los colores de la Virgen María), y el himno de Beethoven dista mucho de alcanzar la unanimidad para definir una historia común. En otras palabras, basar la identidad en el mercado –así como en los objetivos comunitarios más prosaicos de los Tratados constitutivos–, tanto como en la idea perfectamente ahistórica del «patriotismo constitucional» de Habermas, no es una manera de identificación subjetiva, sino, en el mejor de los casos, un proceso para llegar a ella. La identidad profunda, como hemos dicho antes, es la que une a la «madre-patria», a la tierra de la madre y del padre, sabiendo que *patria* es una palabra anfibológica, un *oxímoron*, ya que se refiere al padre masculino, feminizado por el artículo *la*. La Europa actual, como identidad posible, está aún lejos de lograr esta fusión patricial-matricial.[10]

La otra cuestión, más significativa en la formación de la pertenencia, y por lo tanto de la identidad nacional, es el punto de referencia de un enemigo exterior y la amenaza de guerra que lo sustenta: ¿puede aplicarse al sistema actual de la UE?, ¿se puede transponer al plano del conjunto (elástico) del territorio europeo? Dicho abruptamente: ¿en qué medida se sentirían agredidos los ciudadanos de los Estados miembros por la guerra declarada contra uno de ellos? ¿Se sacrificaría uno para defender el territorio del otro? En este aspecto, el caso del conflicto bélico en Ucrania merecería ser analizado en detalle; el rechazo que muestra la mayoría de los europeos, como buena parte del planeta, por la invasión rusa no significa hacer la guerra por Ucrania. El sentimiento de solidaridad no implica necesariamente una pasión patriótica.

10. Maurizio Viroli analiza con agudeza, en la filosofía política europea, la diferencia entre nacionalismo y patriotismo; véase: *For Love of Country. An Essay on Patriotism and Nationalism*, Oxford, Oxford University Press, 1995.

Sin embargo, la idea de la guerra ha sido un elemento esencial en la formación histórica de la UE. Ya después de la Segunda Guerra Mundial, los padres de la Europa mercantil la utilizaron como consigna para legitimar la urgencia de su propio proyecto. El discurso del miedo a la guerra, formulado para conjurarla exclusivamente entre las naciones democráticas del conjunto europeo de aquella época, ha sido un arma poderosa para justificar la creación institucional de una unidad de intereses ensamblada por el mercado. En cambio, la defensa frente al enemigo exterior, entonces la URSS, se dejaba, en general (excepto para Francia y Gran Bretaña, dotadas de potencia nuclear), en manos del principal aliado, Estados Unidos. Aquel discurso perduró hasta la caída del muro de Berlín (1989) y la implosión y descomposición subsiguiente de la URSS (1990-1991).

A partir de la década de 1990, el discurso adquiere otro matiz, entra en una zona gris, como estrategia concreta de ampliación de la UE hacia el Este, y responde así a la demanda de adhesión de algunos de los países de ese territorio y a la expansión del modelo político y económico democrático occidental. Con todo, este crecimiento territorial de la UE no siempre ha sido pacífico; pensemos en la descomposición de la antigua Yugoslavia, que se debe, en gran parte, y más allá de sus conflictos y graves contradicciones internas, a la política indirecta del canciller Helmut Kohl, que después de haber integrado la República Democrática Alemana (RDA) sin consultarlo a sus socios europeos, indujo a Croacia y Eslovenia a emanciparse drásticamente de la Federación yugoslava.

Desde entonces, las prácticas de expansión comercial han continuado sin interrupción, mientras que la ampliación hacia el Este se ha convertido, en un contexto de debilitamiento estratégico de Rusia, en el motor de la política exterior europea y de su identidad. La idea de una construcción europea por ampliación, en detrimento de la integración, se une a la paz europea recuperada. El conflicto entre Ucrania y Rusia, desde la primera década de los años 2000, se concibió *en el interior* del paradigma de la expansión europea frente a Rusia. El apoyo posterior prestado por la UE a Ucrania y, enseguida después, el respaldo mediático, comercial, incluso militar, a este país, cuya adhesión al conjunto europeo constituye ahora una cuestión urgente frente a la agresión rusa, revitaliza el modelo de una identidad europea, esta vez, contra el enemigo exterior. La guerra rusa ha desempeñado, y sigue desempeñando, un importante papel en la afirmación de esa identidad. ¿Sería esta la base de una identidad común? En realidad, la agresión rusa ha fortalecido el sentimiento nacional ucraniano hasta el deseo de morir por la patria, pero no es el caso del resto de los europeos. Porque, a pesar de toda la retórica desplegada a lo largo de varias décadas, no hay aún en los europeos actuales un *sentimiento de compartir al enemigo exterior*; hay que tener en cuenta que los enemigos potenciales de unos pueden ser igualmente los amigos potenciales de otros. La guerra actual en Ucrania no ha cambiado el problema de fondo: los Estados miembros comprometen su solidaridad de forma comedida frente a la agresión del enemigo exterior ruso, porque no es considerado como tal en todos los Estados, pese al fuerte movimiento de opinión a favor de los ucranianos.

Por lo tanto, la identidad subjetiva, aquella concerniente al ser profundo de las naciones, no puede transponerse fácilmente al plano del conjunto europeo, aunque, desde la Segunda Guerra Mundial, se haya desarrollado una importante solidaridad entre los europeos. Las naciones siguen siendo la mediación identitaria indispensable para poder acceder a una identidad subjetiva europea. Conseguirlo tomará tiempo, y ciertamente no es imposible que ocurra algún día. Mientras tanto, ¿qué hacer para crear las condiciones que permitan esta identidad? Si la *unión política* resulta ser el asunto más espinoso, como señalo más adelante, sería imprescindible abordar primero lo que fundamenta el ámbito político, es decir, los sectores social y cultural.

LA IDENTIDAD SOCIAL AUSENTE (Y BASE OLVIDADA DE LA IDENTIDAD COMÚN)

Como bien observaron los fundadores de la UE, si la identidad es una categoría que se construye también mediante el uso compartido de intereses comunes, no puede pasarse por alto lo que debe conformar el núcleo de dichos intereses, que debe trascender el juego de los intercambios comerciales. Hablemos de la identidad *social* de las poblaciones implicadas. Esta –tal como demuestra toda la historia de Europa desde el siglo XIX– es la condición central para la formación de una identidad común en el sentido que le es propio. La *Europa social* es la premisa de una identidad común capaz de dotar al territorio de una presencia histórica exclusiva y específica. Es incluso más importante que la identidad política porque, sin ella, aparece como una cáscara vacía o un ensamblaje formal desvinculado de la realidad tangible de las sociedades. *Lo social es la llave que conduce a la solidaridad de destino de los europeos*. Y, paradójicamente, es el elemento que falta en la construcción europea. Si descartamos el impacto efímero de los emblemas mediáticos en tiempos de crisis económica, en la identidad institucional europea *lo social* prácticamente no existe. En 1989, se adoptó una Carta Social, pero se impulsó a título facultativo, ni siquiera programático. El neoliberalismo europeo predominante en la Comisión ha relegado siempre lo social a los Estados-nación, como si se tratara de un asunto exclusivamente interno. Todo lo más, de *lo social* queda sólo el nombre, cuando se incluye mezclado en la semántica del mercado, en los fundamentos de la economía europea («economía *social* de mercado altamente competitiva»), una vertiente condenada a ser el pariente paupérrimo y, por lo tanto, a estar desamparada. Desde hace un cuarto de siglo, asistimos a la obstinada política de la Comisión Europea de desmantelamiento de los servicios públicos nacionales, bajo la consigna de privatizar los servicios de interés general en toda la Europa comunitaria. Una situación que acaba con toda posibilidad de cimentar una identidad social común europea. No es de extrañar, pues, la oleada de escepticismo y las pulsiones en el corazón por la vuelta de los nacionalismos europeos.

LA DIVERSIDAD EUROPEA, UNA SUERTE

Y, por último, queda la cultura. El anhelo de ser europeo es tan viejo como la historia de Europa, tal como lo testimonian la Europa grecorromana, la cristiana medieval, la de la Ilustración en el siglo XVIII e incluso la de los enfrentamientos sangrientos de los siglos XIX y XX. De todas partes de la Europa occidental hasta Rusia, nacieron sentimientos idénticos y representaciones comunes del mundo, se organizaron los intercambios y las creaciones del espíritu. La movilización de las ideas, el modo en que se edifican las ciudades, las modalidades de estructuración del vínculo social, las formas del derecho, así como el contenido de las costumbres, son similares o tienden a parecerse; las manifestaciones artísticas europeas son comprensibles a las miradas y juicios de los europeos, y hasta las formas de vestirse y de alimentarse. Así pues, hay, sin duda, rasgos culturales de base europea que unen a los europeos, pero no tanto como una conciencia de pertenencia común sino como suelo originario e histórico.

Lo mismo se puede decir de los rasgos culturales de los africanos, de los asiáticos, de los latinoamericanos, que los unen desde un punto de vista continental, aunque dentro de cada uno de los continentes se diferencien relativamente. Eso es lo que ocurre también en Europa. Es el poder del hecho territorial.

El trasfondo cultural histórico de los europeos es, por lo tanto, una fuente importante de pertenencia común que los separa del resto del mundo. Es la base de toda identidad futura.[11] Y este fondo

11. No se puede dejar de recalcar que este trasfondo es tan importante como las distintas culturas nacionales. Véase, por ejemplo, la tradición bávara de Múnich, que consiste en plantar un árbol el 1 de mayo para el retorno de la

común es, asimismo, lo que constituye su aportación al resto del mundo. Cervantes, Shakespeare, Balzac, Dante, Goethe, Tolstói, Strindberg, y muchos otros, son grandes nombres europeos, pero no se limitan sólo a Europa. Su alcance es planetario, como puede ser también el de los autores africanos, asiáticos, árabes o americanos. Así, la cultura europea ha contribuido poderosamente a dar forma y contenido a la cultura universal, más allá del propio territorio. Y las culturas de otras partes del mundo, a su vez, le han influido profundamente.

¿HACIA UNA MITOLOGÍA DE LA IDENTIDAD EUROPEA?

Toda comunidad humana que pretenda arraigarse requiere un discurso de legitimación que le garantice una identidad propia que sepa diferenciarla u oponerla a su entorno exterior. A las razones expuestas anteriormente, que justifican la «necesidad» de una Unión Europea, debe añadirse la configuración de toda una mitología europeísta que aspire a legitimarla, tanto frente a sí misma como en relación con el exterior. Todas las naciones disponen, pese a ser artificialmente elaborado, de un relato fundador que las sitúa al margen de lo real histórico. De la Germania a la Marianne francesa, del «destino manifiesto» norteamericano a la evangelización española de un continente que Dios había lanzado más allá de los océanos, de los mitos fundadores de Atenas, de Roma, del mismo Egipto faraónico, y de tantos otros pueblos, el mundo está salpicado de narrativas de gloria y de grandeza con la efigie de la comunidad

primavera, y que se reproduce en otros países europeos, desde España, con el Palo de Mayo, hasta Inglaterra, con el *May Pole*. Cabe destacar, al respecto, el magnífico ensayo de Claudio Magris, *Danubio,* sobre los rasgos culturales transnacionales de las poblaciones que viven en el entorno de dicho río: mestizajes permanentes, identidades fronterizas, más allá de los Estados-nación. Los ejemplos podrían multiplicarse.

humana que se erige, sin mirar la sangre ni el sufrimiento derramados, como ser singular, ante ninguna otra parecida.

La comunidad se convierte, así, necesariamente en mítica, sepultada en un lejano pasado, sin ofrecer interpretación racional alguna que la pueda desnudar o debilitar, pues su vocación es transformarse, con la fuerza del tiempo y de una nueva fe, en identidad sagrada, alojada en el corazón de cada uno de sus miembros.

La Unión Europea constituye, hoy, un ejemplo de esta metamorfosis. Es un mito *in statu nascendi* que tiene por objeto la misma narrativa de la fundación de sí mismo y la distinción genérica respecto de su entorno.[12]

Pero, en la realidad histórica, este mito toma ahora la forma de una construcción económica e institucional centrada esencialmente en el neoliberalismo, un cuerpo común y específico que une a los países integrados en la UE. Esta es la identidad real de Europa como sujeto histórico. No obstante, este entendimiento no fue el original, cuando se pusieron en marcha los mecanismos económicos y geopolíticos que la hicieron posible después de la Segunda Guerra Mundial. El proceso de formación ha sido difícil, ha estado salpicado de obstáculos, y ha cambiado de naturaleza entre 1953, en el momento de la Declaración Schuman, y la actualidad. Es este recorrido por el que nos debemos guiar en los capítulos siguientes para comprender la Europa real, no la Europa soñada, y medir la distancia entre el mito movilizador europeo y sus metamorfosis concretas.

12. Fue Georges Sorel, a principios del siglo XX, en *Réflexions sur la violence* (1908), quien mejor propuso y defendió esta problemática del mito como ideología de movilización permanente para asentar la identidad de un grupo social, en este caso, según él, el mito de la «huelga general» salvadora para el proletariado.

Segunda parte

EUROPA, VECTOR DE LA GLOBALIZACIÓN NEOLIBERAL

CAPÍTULO 3

El ciclo inicial (1953-1984)[13]

La construcción de una comunidad europea tras la Segunda Guerra Mundial se esbozó, en un primer momento, en el marco de un sistema mundial regido por los *Estados-nación* y sobre la base de un capitalismo industrial productivo y agrario articulado en el compromiso con las clases obreras como fuerzas centrales de producción y creación de la riqueza colectiva. Gran Bretaña, Francia, Alemania, Italia, prácticamente todos los países democráticos, gestaron, guardando sus respectivas especificidades sociales y políticas, el denominado genéricamente «Estado social». Su

13. He destacado las tres grandes etapas que ha atravesado el proyecto de construcción de un conjunto europeo desde el final de la Segunda Guerra Mundial. Cada etapa coincide con una distinta visión cualitativa del mismo. La primera, que se despliega entre 1948 y 1983, se identifica por su naturaleza eminentemente *intergubernamental*, aunque salpicada por decisiones federalistas (Comunidad Económica del Carbón y del Acero y la Política Agrícola Común, entre otras); la siguiente, entre 1984 y 2019, se desarrolla bajo el control de una estrategia *federalista* de la UE; la tercera comienza en 2019 con la crisis de la covid-19 y se radicaliza con la invasión rusa de Ucrania en 2023. Sin dejar de ser *federalista*, encarna el retorno a la política *intergubernamental* entre los socios europeos y a la ampliación de la UE a 36 países. Un nuevo ciclo está en curso, probablemente el más espinoso, imprevisible y, a la vez, decisivo de la historia de la UE. En el capítulo dedicado a la naturaleza institucional de la Europa «en formación», se aborda la discusión sobre los conceptos de federalismo, confederalismo intergubernamental y la UE como organización supranacional *sui generis*.

característica fundamental estribaba en la integración de la gran mayoría de las fuerzas económicas y sociales dentro de la *nación* como vector clave de la identidad común.

Es en este mismo contexto, y aprovechando la coyuntura del final de la guerra, cuando surge la oportunidad de levantar un gran bloque continental europeo, una gran estructura de mercado basada en el libre cambio. Un planteamiento impulsado por los federalistas europeos y apoyado por Estados Unidos, lo que permitió a la economía norteamericana, por un lado, desenvolverse en un mercado exterior más amplio y, por otro, hacer frente a la Unión Soviética, percibida como una amenaza existencial del capitalismo.

LA IDEA EUROPEA BAJO LA MIRADA NORTEAMERICANA

Por ello, siempre bajo la atenta mirada de EE.UU., el proyecto de conjunto europeo requería cobrar forma a partir de nuevos cimientos.

En primer lugar, si partimos de las guerras intereuropeas como resultado de los conflictos de intereses entre las economías de los *Estados-nación* implicados, era preciso acabar con la inercia de las políticas nacionales de tendencia proteccionista, pues suponían un grave obstáculo para el sistema mundial de producción y circulación de mercancías: las barreras arancelarias son una limitación inaceptable para la expansión del comercio internacional. Sólo un sistema europeo *supranacional* sería capaz de ofrecer la coyuntura necesaria para superarlas sin traumas y de modo cooperativo. El objetivo apuntaba, desde luego, a la inauguración de un gran mercado liberal europeo.

Esta aspiración entroncaba con la realidad del sistema geopolítico mundial de entonces, esto es, la irreductible oposición entre el comunismo soviético y el capitalismo occidental encarnado por Estados Unidos tras la guerra y la división de Yalta. Se impuso así la alianza indefectible del modelo europeo en ciernes con la gran potencia económica norteamericana. Desde 1945, Estados Unidos exige, como condición, organizar la economía europea según el modelo librecambista, bajo la cláusula de acceder al mercado europeo en condiciones favorables. Es parte del precio que había que pagar para compensar su papel «liberador» en la guerra y «protector» en la posguerra. De hecho, estos condicionamientos contarían con el respaldo activo de los federalistas europeos que se aglutinaban en torno a la figura emblemática de Jean Monnet, de nacionalidad francesa y estadounidense, que, tras haber sido consejero de ministros de Roosevelt, gozaba de la confianza absoluta de Estados Unidos, del sector financiero (era banquero), y ocupaba, en Francia, una posición bisagra como asesor de los gobiernos cristianodemócrata y socialista. Si bien no todos los federalistas europeos eran partidarios incondicionales de Estados Unidos, la mayoría aceptaba esta alianza, seguramente en nombre de un ideal europeo posnacional cuyo contenido nunca ha sido definido con rigor sino sólo en función de «valores» tan vagos como formales.

La impronta norteamericana por lo que respecta a la parte económica del proyecto de una comunidad europea se fraguó, pues, desde los inicios, es decir, en la posguerra. Entre 1947 y 1951, el Plan Marshall –una inyección de aproximadamente 16.500 millones de dólares de la época– benefició a dieciséis países europeos, salvo la Alemania vencida, y financió la reconstrucción económica y la cooperación intereuropea para disuadir la tentación comunista. A cambio, como se ha señalado, Estados Unidos consiguió el compromiso de dichos países para que importaran mercancías norteamericanas equivalentes a la cantidad de préstamos que recibieron:[14] el mercado estadounidense, sobrecalentado tras la

14. Cuando se habla de la «americanización» de la sociedad europea, esta encuentra su fuente en los acuerdos firmados en este marco y con esta orientación. Por ejemplo, en Francia, se impone la obligación de importar un alto porcentaje de películas norteamericanas, en concreto, cuatro producciones francesas a cambio de nueve norteamericanas importadas sin aranceles. Se comprende, añade Éric Branca, que estas «"cuotas de pantalla" hubieran

sobreproducción de su industria de guerra, buscaba asegurar salidas para sus productos, y sólo Europa podía ofrecérselas.

Desde este punto de vista, lograr imponer el sistema de libre comercio en el seno de la construcción europea era un asunto capital. La corriente federalista europea se convirtió en su principal impulsor.[15] Apuntalar economías liberales y, en el plano político, un sistema federal de Estados con vocación transnacional, centrado en la reducción del control arancelario y opuesto al Estado-nación de preguerra, era el objetivo de Estados Unidos y de la mayoría de los federalistas liberales (no hay que confundirlos con los federalistas de izquierda europeos). La toma de decisiones del nuevo constructo político-económico debía confiarse plena e idealmente a élites extranacionales independientes de los Estados parte e inclinadas a hacer prevalecer los intereses de una Europa concebida como espacio transnacional mercantil.

Este semblante estructural se configura en 1953, a partir de la Comunidad Económica del Carbón y del Acero (CECA), que acentúa la perspectiva liberal desde sus mismos inicios.[16] Será el crisol

enfurecido a los profesionales del cine, lanzando a un gran número de artistas a los brazos del mismo Partido Comunista que Estados Unidos pretendían combatir» (*L'ami américain*, París, Perrin, 2022, p. 171).

15. Hay que recordar que el Movimiento europeo, entre 1949 y 1959, fue financiado para la defensa de la integración europea con un 53,5% de los recursos de la CIA. Véase Branca, *L'ami américain*, *op. cit.*, a partir del artículo de Ambrose Evans-Pritchard (*Daily Telegraph*, 19 de septiembre de 2000), y el de Remi Kauffer: «Quand la CIA finançait la construction européenne» (*Historia*, n.° 675, marzo 2003). Evidentemente, esto no significa que dicho movimiento haya sido el caballo de Troya en Europa de Estados Unidos.

16. Me baso en el importante libro de Robert Salais, *Le viol d'Europe*, que analiza con precisión todo este proceso. El papel principal de Estados Unidos en la defensa del federalismo librecambista europeo y la necesidad de vincular la economía europea a la norteamericana son objeto de una amplia bibliografía. Robert Salais se apoya también en los archivos oficiales americanos, en varias obras importantes, en particular: Gérard Bossuat, *L'Europe occidentale à l'heure américaine*, Bruselas, Complexe, 1992; Alan Milward,

perfecto en el que tomará cuerpo la futura Comisión de Bruselas, que en un ulterior punto de inflexión –el Acta Única Europea de 1986–, instaurará el principio de la competencia «libre y no falseada» en el corazón de Europa, allanando el camino de la plena libertad de circulación de capitales y de las bases para albergar la moneda única, adoptada por el Tratado de Maastricht en 1992.

La creación de la Comunidad Económica Europea (CEE) se orientó, por lo tanto, hacia este doble sentido: libre cambio entre los seis primeros países fundadores –Alemania, Bélgica, Francia, Italia, Luxemburgo, Países Bajos– y dinámica supranacional en las relaciones comerciales mundiales. Cierto es que, desde el comienzo, Gran Bretaña aceptaba sólo la primera parte del enunciado porque rechazaba la supranacionalidad del conjunto. Esa fue la razón por la que propuso crear la Asociación Europea de Libre Comercio (EFTA) en 1960.[17] Ante esa vía, los seis socios fundadores decidieron canalizar sus relaciones comerciales con terceros países más allá del ámbito regional, utilizando el marco del Acuerdo General sobre Aranceles Aduaneros y Comercio (GATT) como potencias unidas y bloque cohesionado, a la vez. Estados Unidos vio en este bloque de libre cambio un baluarte sólido contra la Unión Soviética. Al mismo tiempo, temiendo que la CEE obstaculizara sus propias exportaciones en Europa, logró, en 1961, transformar la Organización Europea para la Cooperación Económica (OECE) de posguerra en la Organización para la Cooperación y Desarrollo Económico (OCDE), suprimiendo la referencia a Europa con el fin de permitir la adhesión de EE.UU. y Canadá a dicha sede. Un paso estratégico e ideológico de enorme trascendencia, pues la OCDE, cuyos estatutos inscriben en mármol la elección del

The Reconstruction of Western Europe 1945-1951, Londres, Routledge, 1984; y, sobre todo, *The European Rescue of the Nation-State*, Londres, Routledge, 1992. Véase también Pierre Melandri, *Les États-Unis face à l'unification de l'Europe*, París, A. Pedone, 1980. He utilizado, asimismo, el planteamiento de estos autores, especialmente de Bossuat y Milward.

17. Gran Bretaña, Suecia, Dinamarca, Noruega, Portugal, Suiza y Austria.

liberalismo como sistema inmanente de la UE, se integrará, con la Comisión de Bruselas y el FMI, en el crisol de las organizaciones neoliberales que contribuye a diseñar las normas de la globalización. Así que, desde 1960, los intereses norteamericanos, filtrados por el FMI y la OCDE, son un componente clave de la identidad comercial e ideológica de la UE.

Con todo, sería impreciso afirmar que fue la mano norteamericana la que habría impuesto el librecambismo liberal en Europa. Es cierto que defendía entonces sus intereses, que preconizó la expansión internacional de su sistema,[18] oponiéndose, en ocasiones violentamente, a los que rechazaban su dominación (el general De Gaulle, en particular), y que desplegó una estrategia internacional de contención (*containment*) ante la Unión Soviética; pero Estados Unidos *siempre se apoyó sobre fuerzas locales*, incluso minoritarias, cuyo respaldo obtenía de forma estratégica. De hecho, entre 1953 y 1986, ni siquiera los obstáculos que dispuso De Gaulle entre 1958 y 1969 torcieron el rumbo del proyecto europeo, que discurría articulado sobre una sólida alianza euroamericana, de carácter «atlantista». La dimensión militar, determinada por la Guerra Fría, será la espina dorsal definida por la OTAN (creada en 1949).

UN SISTEMA SUPRANACIONAL BASADO EN UN ENGRANAJE FUNCIONAL «SÓLO» TÉCNICO

Desde esa perspectiva, cimentar la supranacionalidad del conjunto europeo requería observar un doble condicionamiento: por una parte, el modelo *económico* unificador debía estructurarse según las reglas del libre comercio; por otra, el sistema *político* europeo debía concebirse mediante la integración de las naciones que lo

18. A pesar de los esfuerzos de conciliación de Churchill, Estados Unidos no cejaba en su empeño de torpedear la acción del general De Gaulle al negarle toda representatividad.

constituyen, y la dinámica de órganos institucionales independientes y representativos del «interés general europeo» creados a la sazón. El objetivo, la «superación» del modelo de *Estado-nación*, que acaba diluyéndose en aras de una nueva identidad: Europa.

En realidad, el proyecto supranacional se presenta como una idea que transita entre el desafío y la utopía. Se asemeja, paradójicamente, a las ideologías que estuvieron en boga desde la Revolución rusa de 1917, que postulaban por la superación necesaria de la nación para proteger el internacionalismo proletario y el comunismo; pero, en el fondo, se distancia radicalmente de ellas: el federalismo europeo apunta, de modo funcional, al fortalecimiento del capitalismo y la instauración de una sociedad de libre mercado.

Es interesante saber que el método del efecto «engranaje» (*spill-over effect*) del sistema, precursor del funcionamiento de la Comisión Europea, se despliega con ocasión de la puesta en marcha de la CECA. Jacques Delors, presidente de la Comisión, presentó una aguda síntesis conceptual de este método el 30 de noviembre de 1989, en un coloquio organizado por el Center for European Studies de Boston: «El secreto de la construcción europea es el de una dialéctica entre la fuerza de los compromisos fundamentales y el desarrollo espontáneo de sus múltiples efectos de engranaje...»; una versión de lo que Monnet había denominado «la creación de la solidaridad por los hechos»[19] y que la ciencia política llamará el «funcionalismo europeo». Se levanta un cuerpo acumulativo, pragmático, que arrastra en sí la aceptación de todas sus consecuencias, sin control ni posibilidad de retroceso o desviación.

La construcción de esta Europa económica y políticamente preconcebida se convierte así en un asunto *técnico*, cuyos elementos promotores de su puesta en marcha son intocables. Desconectada del Estado-nación y de la democracia, planea sobre decisiones que se confían a tecnócratas competentes para alcanzar los objetivos. El «método» está basado en la restricción del campo de las soberanías nacionales que pueden bloquear el proceso de conjunto, es decir, el

19. Véase nota 6.

logro de los intereses del *constructo* comunitario. Este modelo organizativo también se perfiló con la CECA, como reconoce sin ambages Étienne Hirsch, miembro del equipo que la diseñó: la modernización de la siderurgia francesa fue realmente el pretexto para «encontrar algo que pudiera iniciar la construcción de Europa... Nuestra preocupación era que desaparecieran las soberanías nacionales absolutas».[20] Se pergeñó una maquinaria administrativa, una especie de *superpoder* transnacional carente de base democrática. Ahí yace la raíz histórica del permanente «déficit democrático» europeo. Volveremos sobre ello.

Las instituciones europeas oportunamente establecidas dominaban desde el principio los Estados-nación y escapaban a su control: una Comisión asentada en Bruselas y un Banco Central independientes, además de un Tribunal de Justicia que vela por los objetivos comunitarios y la legitimidad del derecho de la UE, listo para imponerse a los gobiernos nacionales. Los principales hitos de este auge europeo son conocidos: el Tratado de Roma de 1956, el mercado único creado en 1986 y puesto en marcha en 1992 bajo la bandera de «la competencia libre y no falseada», y la libre circulación de capitales adoptada en 1988. Tal como se había previsto, este ensamblaje desembocará en la moneda única –el euro–, principal innovación del Tratado de Maastricht de 1992.

Si echamos un rápido vistazo a este vertiginoso avance, nos sorprenderá no sólo su velocidad de crucero sino también, y sobre todo, la capacidad y perseverancia del aparato de poder –y de sus dirigentes– para controlar y determinar las normas y directrices que caracterizarán y tutelarán el nuevo conjunto institucional. De nuevo Jacques Delors es quien mejor lo define en su libro de 1988, *La France par l'Europe:* «un monumento de hermetismo, sólo conocido por especialistas».

20. Cit. en Éric Branca: *L'ami américain*, *op. cit.*, p. 174.

CAPÍTULO 4

Cuando el pasado condiciona el presente

Para entender las causas de este constructo, hay que volver la vista a atrás y dirigir los pasos particularmente hacia el ámbito geopolítico y monetario.

UN CONTEXTO DE POSGUERRA FAVORABLE

El sistema económico internacional adoptado en la posguerra discurría sobre la base de alianzas interestatales entre 44 países que gestionaban las relaciones comerciales y financieras bajo las reglas consensuadas de los Acuerdos de Bretton Woods. Era un modelo trazado para evitar conflictos anárquicos de competencia y futuros enfrentamientos entre monedas. Sin entrar en más detalles, las reglas impuestas por Estados Unidos contra las líneas más progresistas formuladas por J. M. Keynes[21] sustituían el patrón-oro imperante por un patrón-dólar indexado con la cantidad de oro que poseía cada país. Se creó el Fondo Monetario Internacional (FMI) para salvaguardar el funcionamiento de la economía mundial, y un Banco Mundial para financiar los países necesitados de ayuda económica. Con el fin de completar este edificio, y vigilar la

21. El conocido pulso entre el *Bancor* de Keynes, basado en el patrón-oro y un tipo de cambio fijo, y el patrón-dólar, del subsecretario de Estado del Tesoro de EE.UU., H. D. White, que hizo del dólar la moneda de referencia mundial.

competencia comercial internacional, se implantó una negociación continua entre las naciones en el marco de la plataforma del Acuerdo General sobre Aranceles Aduaneros y Comercio (GATT), que se actualizó y amplió en enero de 1995 bajo la denominación de Organización Mundial del Comercio (OMC), aún vigente pero vaciada de contenido desde los conflictos de los años 2000 entre las economías emergentes y las del mundo occidental.

En aquel contexto mundial, la idea de Europa se aproximaba más a la de un espacio económico conducido por mercados nacionales y capitaneado por un sistema de economía «mixta», aunque, como hemos subrayado, la orientación global estaba determinada por el libre cambio como seña de identidad del conjunto europeo. Bajo esta perspectiva, se reserva a la Administración pública estatal la garantía de los servicios de interés general (educación, salud, abastecimiento energético, investigación, comunicaciones, etcétera), que conceptualmente deben escapar a las reglas de la competencia-mercantilización-rentabilidad propias del sector privado. Este modelo mixto era el propio de las economías de las democracias europeas, acorde con la organización de la economía internacional capitalista de entonces.

Sin embargo, en 1971, Estados Unidos, con Nixon a la cabeza, decidió liquidar los Acuerdos de Bretton Woods para desvincular definitivamente el dólar del patrón-oro y dejarlo flotar en el sistema financiero mundial, con el fin de imponer así su moneda en la economía internacional. Esta decisión, de efectos letales, vino además acompañada de una enorme revolución tecnológica que transformó todas las reglas del juego económico. Particularmente elocuente fue la respuesta del entonces secretario de Hacienda estadounidense, John Connally, cuando fue interpelado por las consecuencias negativas que esa decisión suponía para el resto de los países occidentales: «¡El dólar es nuestra moneda, pero es vuestro problema!».

A partir de la década de 1970, los europeos reconocieron que el sistema de libre cambio liberal no sólo los oponía a los países del bloque soviético, sino que era también un campo de batalla temido en el propio seno del liberalismo internacional. La crisis del dólar desencadenó una «precipitación», en sentido literal del término, un anhelo por una mayor unificación económica y monetaria europea. De ahí el Sistema Monetario Europeo (SME), instaurado en 1978 por iniciativa de Francia y Alemania para luchar contra la desregulación que provocó la nueva política del dólar. Era necesario emprender una política monetaria común para estabilizar los tipos de cambio y los intercambios europeos y, asimismo, crear un frente para competir con las dos grandes economías hegemónicas en el sistema internacional (EE.UU. y Japón). La orientación global se asentaba sobre el modelo que imperaba en las grandes economías europeas –Francia, Alemania, Gran Bretaña, Italia–, una mezcolanza que permitía la convivencia entre las garantías sociales del Estado de bienestar y el libre cambio del sector privado. Pero, a finales de los años setenta, la llegada al poder del presidente Ronald Reagan, en Estados Unidos, y de Margaret Thatcher, en Gran Bretaña, supuso nuevos patrones para un capitalismo caracterizado por la liberalización de la circulación de los capitales y la reducción (devaluación) de la intervención estatal en el campo económico. Son los preceptos del denominado «consenso de Washington»,[22] que Thatcher siguió al pie de la letra.

No obstante, sería una conclusión reduccionista atribuir a dicho consenso el papel responsable de la globalización neoliberal en Europa. Como señala el economista británico Rawi Abdelal,[23] la realidad es mucho más compleja. La desregulación del mercado de capitales en Estados Unidos respondía a una estrategia *ad hoc*, esencialmente norteamericana, que no reparó en su previsible

22. Que se traduce, *grosso modo*, en la reducción drástica del déficit presupuestario, de los gastos sociales y en la adopción de una reforma fiscal favorable para los altos ingresos, la liberalización de las inversiones extranjeras y del comercio exterior, la generalización de la privatización, la desregulación de los mercados, etcétera.

23. *Capital Rules. The Construction of Global Finance*, Cambridge (Mass.), Harvard University Press, 2007. Véase, sobre todo, los capítulos 2, 3 y 4.

impacto mundial, pues no era de observación obligatoria. Lo que está claro es que esta mutación del modelo económico en la historia moderna del capitalismo occidental afectaba de lleno a la sostenibilidad del capitalismo europeo, principalmente representado, a comienzos de la década de los ochenta, por Francia y Alemania.

EUROPA Y EL CAPITALISMO NEOLIBERAL NORMATIVO

¿Cómo se explica la impronta neoliberal que impulsó la estrategia franco-alemana en el seno de la construcción europea a comienzos de los años ochenta del pasado siglo XX?[24] Para contestar a esta pregunta, es preciso remontarse unas décadas atrás y tener en cuenta el papel fundamental que desempeñó Francia en este proceso.

Los años cincuenta encarnaron, como he dicho, la etapa de las grandes incógnitas sobre el proyecto y el futuro de Europa. Tanto la Guerra Fría como la reorganización del sistema económico mundial bajo la batuta indiscutible de EE.UU., el principal vencedor, junto con la URSS, de la Segunda Guerra Mundial, trazaron las directrices económicas que implementarían los grandes países europeos entre ellos y, sobre todo, en relación con el aliado norteamericano. Para dar una idea del alcance de esta interrelación, basta recordar, por ejemplo, que el mismo sistema político interno de Alemania (el sistema federal de los *Länder*) fue impuesto por EE.UU.

24. La globalización *neoliberal* no tiene mucho que ver con el liberalismo democrático clásico, tal y como lo define Harold Laski en su obra *El liberalismo europeo* (1936), que defiende el juego libre de las reglas del mercado en el contexto de un Estado neutral, guardián «de noche» de la competencia y de la seguridad. El neoliberalismo actual, en cambio, utiliza sistemáticamente el poder político y administrativo para imponer autoritariamente las normas del mercado a todas las actividades en las sociedades. El mejor ejemplo es el papel que han desempeñado los Estados europeos en la construcción de Europa desde comienzos de los años ochenta.

para impedir el retorno de una gran potencia alemana centralizada comparable a la del periodo nazi.

Desde el fin de la Segunda Guerra Mundial hasta prácticamente el Tratado de Maastricht, en 1990, Francia inició, lanzó y orientó el proyecto de conjunto europeo. Y lo consiguió con el apoyo de los principales dirigentes de Europa (belgas, holandeses, italianos) y, sobre todo, al amparo de una alianza férrea con los alemanes. El resto de países vacilaba, ya desde los años cuarenta, entre la orientación proatlantista, en especial la de los Estados implicados en el proyecto europeo (Alemania, Bélgica, Países del Benelux, Italia, Austria), y la francesa. Con todo, también en Francia aquella corriente ganaba fuerza, siendo respaldada tanto por los democristianos como por la Sección Francesa de la Internacional Obrera (SFIO), predecesora del Partido Socialista y un apéndice francés de la socialdemocracia. El partido *gaullista*, vencedor de la guerra, compartía con los conservadores el modelo económico que prevalecía entonces (reconstrucción de la economía sobre la base del modelo de Estado de bienestar), pero discrepaba radicalmente respecto de los pilares del proyecto de conjunto europeo y se oponía a la relación de vasallaje con Estados Unidos. Precisamente en estas dos cuestiones coincidía con el Partido Comunista Francés, igualmente triunfador de la guerra por sus enormes sacrificios humanos en la resistencia frente a la Alemania nazi.

En ese periodo, la defensa del Estado de bienestar, por un lado, y la independencia nacional, por otro, estructuraron el debate político francés y definieron las dos cuestiones fundamentales en la agenda política del proyecto de comunidad europea. No podría entenderse la «complejidad» de este proceso sin afrontar los conflictos entre dos orientaciones posibles, a saber, la de una Europa confederal o federal, ya que detrás de esta disyuntiva se halla la del papel de la nación y del Estado. Dicho de otro modo, se pone sobre la mesa la oportunidad de implementar una política intergubernamental de coordinación económica entre los países europeos implicados y, a escala internacional, un proyecto de Europa independiente. En este contexto, el general De Gaulle, que compartía la idea de una economía europea liberal y competitiva, afirmó con rotundidad su propio paradigma: una «Europa de Estados-nación», no federal, sino una «Europa europea», independiente. La cuestión de la doble independencia –nacional y europea– era para él la piedra de toque de cualquier iniciativa sobre Europa.

Como se ha señalado, el Partido Comunista compartió ese modelo *gaullista* y también una parte importante de la propia socialdemocracia, en especial la corriente que se unió a Pierre Mendès-France, presidente del Gobierno en la cuarta República, que abogaba por una Europa autónoma. Frente a esta alianza, la fuerza democristiana francesa del Movimiento Republicano Popular (1945-1947), partidaria de la OTAN, elaboró con Jean Monnet el plan de colaboración económica entre Francia y Alemania,[25] cuyo objetivo era instaurar la CECA, que finalmente se creó el 18 de abril de 1951.

Este plan, fundador de la Europa en construcción, propuso abolir los aranceles al carbón y al acero y, sobre todo, someter el mercado a la regla de la libre competencia (no se hablaba aún de «no falseada»). Jean Monnet, padre de la Alta Autoridad, al aceptar el encargo para presidir la CECA, recibió un telegrama de felicitación que le envió el Departamento de Estado estadounidense recalcando que EE.UU. «tiene la intención de dar a la CECA un fuerte apoyo justificado por la importancia de la unificación política y económica de Europa».[26] Esta Alta Autoridad independiente será la base de la futura Comisión de Bruselas, instituida por el Tratado de Roma (1957).

Desde el punto de vista geopolítico, conviene recordar que la creación de la CECA se desenvolvió en un contexto de rearme alemán impulsado por EE.UU. frente a la URSS y por la integración económica y militar de la Europa occidental en la órbita norteamericana. Dadas las relaciones conflictivas entre Alemania y Francia,

25. Plan respaldado también por Italia y los países del Benelux.

26. Cit. en D. Debatisse *et alii*, *Europe: la France en jeu*, París, Éditions Sociales, 1979, p. 22.

y el temor francés ante el rearme alemán, Monnet insinuaba, y no sin razón, la imperiosa necesidad de poner la producción del carbón y el acero en manos de una autoridad independiente, puesto que estos materiales servían también para fabricar armas.

En octubre de 1951, los dirigentes democristianos franceses sugirieron la creación de la Comunidad Europea de Defensa (CED), la base de un futuro ejército europeo. Se preveía la institucionalización de «un ministro europeo de Defensa asistido por un Consejo de Ministros y responsable ante una Asamblea europea». Ahora bien, este proyecto, que sometía claramente la defensa de Europa a la OTAN, fue, tras casi cuatro años de debate público y de rotundas movilizaciones populares (antinorteamericanas), rechazado por una votación definitiva de la Asamblea Nacional, el 28 de agosto de 1954.

Los partidarios de una Europa federal comprendieron la dificultad de alcanzar su objetivo mediante la conjunción entre la cooperación económica y la unión política. Determinaron entonces, como afirmaba el mismo Monnet, eludir la «incómoda» voluntad popular adoptando un *mecanismo comunitario* –defendido a ultranza, más tarde, por Jacques Delors–, que consistía en conseguir la federación europea utilizando como propulsor la «solidaridad económica» sobre la base de herramientas esencialmente tecnócratas.

El otro gran pilar, el Tratado de Roma, se inscribe en la misma corriente ideológica, a pesar del regreso al poder, en 1958, del general De Gaulle. El texto contempla las bases de la unificación económica europea en un mercado común sujeto al libre comercio, la creación de la PAC (Política Agrícola Común), de Euratom (directrices sobre energía atómica) y la supresión de los aranceles industriales en el plazo máximo del 1 de julio de 1968. «Es en este momento cuando se determinan las célebres cuatro libertades de circulación europeas: mercancías, personas, capitales y servicios».[27]

27. Véase Benjamin Landais, Aymeric Manville, Pierre Yaghlekdjian, *L'idéologie européenne*, Bruselas, Éditions Aden, 2008, p. 45. El economista y

Sin embargo, y es importante subrayarlo, el Tratado de Roma no prevé la *libertad total* de circulación de capitales.

Más tarde el proceso adquirió un mayor contenido político y se materializó, en 1962, en la alianza que De Gaulle propuso a Alemania mediante el «tratado de amistad franco-alemán», conocido también como Tratado del Elíseo. Es un documento significativo, porque creó las condiciones para una Europa que giraba principalmente en torno al bloque franco-alemán (o «germano-francés», depende desde qué lado del Rin se hable), una cooperación avanzada en varios ámbitos. Este proyecto *gaullista*[28] excluye de entrada a EE.UU., la organización comercial en la que impera (GATT), y a Gran Bretaña, percibida por De Gaulle como el caballo de Troya de EE.UU. El objetivo principal de De Gaulle no era sino separar de la influencia norteamericana a la Alemania integrada en la OTAN. A cambio, le ofrecía protección nuclear, incluso al resto de los países europeos si así lo solicitaran.

La respuesta de Estados Unidos a una alianza de ese tipo no se hizo esperar. El 15 de enero de 1963, en el momento en que esta estaba siendo debatida en el Bundestag, el texto fue saboteado en el interior del Parlamento alemán por los partidarios del ideario norteamericano, que insertaron un «preámbulo» letal que

tecnócrata Pierre Uri fue el verdadero autor de este tratado, que se atribuye a Paul Henry Spaak. Véase *L'Europe et les intellectuels*, París, Idées/Gallimard, 1984, p. 321.

28. Que retoma, de hecho, el Plan Fouchet, que había fracasado el 17 de abril de 1962. Este plan, propuesto por Francia a los seis países europeos implicados, utilizaba la idea del rechazo de la presencia de la OTAN en el dispositivo europeo, así como el rechazo, entre otras medidas, de Gran Bretaña en el conjunto europeo. Paul-Henri Spaak, dirigente belga, ironiza así en torno a la propuesta de De Gaulle: «Si no queréis la integración, entonces hace falta Gran Bretaña, y si no queréis a Gran Bretaña, entonces hace falta la integración. Necesitamos uno u otro. No podemos prescindir de la integración, ni de Gran Bretaña». Ahora, quien ríe el último ríe mejor: el Brexit mostró lo que Gran Bretaña quería, y esta Europa, sesenta años después de esos debates, se halla lo más alejada posible de una integración política.

afirmaba literalmente el objetivo último de una «estrecha asociación entre Europa y EE.UU.», con la presencia de Gran Bretaña y del GATT en el acuerdo. Una amarga derrota para De Gaulle, cuyas consecuencias estratégicas aún hoy prevalecen: cabe señalar que Alemania se ha convertido en el principal aliado de EE.UU. en el seno de la OTAN.[29] Tras la despedida del general De Gaulle en 1969, el proceso de construcción europea, desplegado en el marco de la libre competencia y de la Alianza Atlántica, se desarrolló sin obstáculos.

En 1983, en la línea formulada desde los años cincuenta por Jean Monnet, Robert Schuman y Konrad Adenauer, el presidente socialista francés, François Mitterrand, y el canciller democristiano alemán, Helmut Kohl, abogaron por la formación de un conjunto económico europeo común y competitivo, bajo la consigna de adaptarse a los nuevos cambios del modelo capitalista. Frente al juego sin reglas dentro de la globalización liberal, los europeos, capitaneados por la pareja franco-alemana, apostaron por una globalización *neoliberal* de carácter *normativo*, que se desenvolvía bajo la batuta de la Comisión de Bruselas. Una etapa de la historia que cambió radicalmente el rostro de Europa.

Bajo el paradigma de las sociedades al servicio del mercado, irrumpe un nuevo contrato social que desplaza la típica concepción del mercado al servicio de la sociedad.[30] Sus señas dejan una profunda impronta: extensión del sistema productivo y mercantil del capitalismo occidental, e interdependencia financiera a escala mundial;

29. Para la pequeña historia, es ocurrente recordar aquí ciertas reacciones impetuosas de De Gaulle: «Los americanos intentan vaciar nuestro tratado de su contenido. Quieren hacer una cáscara vacía. ¿Por qué? ¡Porque los políticos alemanes tienen miedo de no doblegarse lo suficiente ante los anglosajones! ¡Se comportan como cerdos! ¡Merecerían que denunciáramos el Tratado y que diéramos un vuelco a nuestras alianzas llevándonos bien con los rusos!». Véase Branca, *L'ami américain, op. cit.*

30. He analizado este fenómeno en mi libro, *El imperio frente a la diversidad del mundo,* Barcelona, Círculo de Lectores, 2003.

generalización, en Europa, de políticas de privatización económica y destrucción progresiva del Estado de bienestar; mercantilización en todos los ámbitos del sistema social; desagregación del compromiso histórico entre capital y trabajo; dislocación de la estructura social de las clases populares y empobrecimiento relativo de las clases medias y bajas; crisis de la democracia que acentúa las desigualdades y, al mismo tiempo, el auge de corrientes populistas que reaccionan de modo regresivo. Un múltiple impacto en la transformación de Europa que se despliega merced a la extraordinaria eficacia de herramientas tecnológicas.

Esta mutación que llevó a cabo el eje franco-alemán ha sido la consecuencia de un largo camino en el proceso de construcción europea.

CAPÍTULO 5

El ciclo neoliberal (1985-86-2020)

LOS SOCIALISTAS FRANCESES Y LA INSTITUCIONALIZACIÓN DEL NEOLIBERALISMO NORMATIVO

Si la mencionada alianza franco-alemana desembocó, veinte años después, en el neoliberalismo fundamentalista de la política de la Comisión de Bruselas liderada por José Manuel Durão Barroso (2004-2014), su legitimación ideológica y sus mecanismos jurídicos, diseñados con vocación de permanencia, quedarán a cargo, desde 1984, de los dirigentes socialistas franceses que, en aquel entonces, encabezaban las principales instituciones europeas. Se trata de un engranaje de una importancia capital en el sistema europeo.

Ya hemos dicho que la globalización neoliberal en la Unión Europea no se instaura, como se tiende a pensar, bajo la presión directa de Estados Unidos; *ha sido propulsada e institucionalizada bajo la dirección de tres dirigentes franceses de izquierdas*: Jacques Delors, presidente de la Comisión Europea entre 1985 y 1995; Henri Chavranski, director del Comité de Movimientos de Capitales y Transacciones Invisibles (CMIT) de la OCDE entre 1982 y 1994, y Michel Camdessus, director del FMI en el periodo de 1987 a 2000. Tres políticos vinculados al Partido Socialista (PS) francés que fueron elegidos por el presidente François Mitterrand.

Dotados de una visión intelectual de enorme calado y de grandes competencias técnicas en el ámbito financiero, los tres cambiaron sustancialmente la orientación ideológica del Partido Socialista, primero, y de la UE, después, al institucionalizar el capitalismo neoliberal europeo, que hoy aún sigue en vigor. Entre 1983 y la crisis financiera mundial de 2008, establecieron un sistema de *normas* mucho más amplio que el de Estados Unidos, que transformó la política económica de la UE y convirtió esta singular organización supranacional en el principal promotor del neoliberalismo globalizado. En Francia, todos los ministros de Finanzas que se sucedieron en el terreno de juego socialista entre 1981 y 2008 aplicaron este mismo *mantra* neoliberal.[31]

La adopción de esta estrategia por parte de los socialistas no es, evidentemente, el resultado de una traición ni de una conspiración. De hecho, sólo firma (y en su nombre) el fracaso de la política keynesiana de relanzamiento, propugnada por el Partido Socialista en 1974 para conquistar el poder con la «Unión de la Izquierda» y mantenerse en el Gobierno entre 1981 y 1983. Estos tres responsables, bien de las altas instancias del partido (Delors), bien del Estado (Chavranski, Camdessus), actuaron como verdaderos «intelectuales orgánicos» del capitalismo liberal, sobre todo Jacques Delors, que nunca ocultó sus convicciones. Chavranski y Camdessus eran tecnócratas oscuros (¡cuán competentes!) desconocidos en la arena política.

Ante las limitaciones impuestas a la economía francesa por la complicidad del capitalismo francés y los mercados de capitales europeos, que rechazaban la política keynesiana de la izquierda, Mitterrand se inclinó por las propuestas formuladas por Delors y Chavranski (apoyados por Laurent Fabius, quien fue ministro de Finanzas en 1983). En otras palabras, optó por romper con el programa de la izquierda y unirse al capitalismo liberal europeo defendido entonces con uñas y dientes por la Gran Bretaña de Thatcher y la Alemania democristiana de Helmut Kohl.

En realidad, los dirigentes franceses no traicionaron sus ideales, ya que, desde su fundación a principios del siglo XX, el PS nunca había sostenido una verdadera doctrina de transformación del

31. Dominique Strauss-Kahn será director del FMI entre 2007 y 2011.

sistema capitalista. Defendía más bien una concepción centrada en la reforma de las desigualdades más flagrantes y, a su vez, bajo un sonido silenciado, el mercado liberal como horizonte imperecedero, que era necesario «regular», como si se tratara de un cheque en blanco. Jacques Delors, como miembro del Gobierno de izquierda, nunca dejó de defender esta visión de adaptación al mercado liberal, un modelo finalmente adoptado por Mitterrand antes de ser transpuesto a nivel europeo con la ayuda de Helmut Kohl.

LAS CONSECUENCIAS DE LA METAMORFOSIS

Este viraje ideológico tampoco es consecuencia de una conspiración. En cuanto Mitterrand dio por concluido el horizonte keynesiano, el PS francés tomó como suya esa decisión. Ese distanciamiento tan rotundo de las promesas de la izquierda lo pagaría a lo largo de estos cuarenta años, pero, en aquel 1983, expresaba una transformación sociológica en su seno, un periodo de ceguera con la llegada de una nueva generación de miembros atraídos por el imán del poder gubernamental, que demandaba la adaptación al sistema existente. El PS cambió entonces varias veces de base social: de representar una alianza entre las clases populares obreras y las clases medias bajas e intermedias, se convirtió en el partido de las clases medias altas e intermedias, abandonando de hecho a las clases populares a la demagogia naciente de la extrema derecha, porque, entre tanto, el Partido Comunista había sido aplastado por las mutaciones sociales de la clase obrera francesa y por su «compromiso» con los socialistas desde 1974. El entonces dirigente del Partido Comunista, Georges Marchais, comprendió perfectamente esta situación, y había intentado escapar, en vano, de la trampa de la «Unión de la Izquierda» que beneficiaba electoralmente a los socialistas. Los ministros comunistas, un total de cuatro, dimitieron en bloque en 1983; Mitterrand no lloró por ellos...

Esta mutación sociológica, que explica el giro ideológico del «partido» hacia la nueva orientación, será, por otra parte, conceptualmente integrada en los diferentes programas del PS; sintomática fue la declaración de Dominique Strauss-Kahn, en 2002, cuando reconoció abiertamente que el Partido Socialista debía preocuparse, ante todo, de las clases medias y de nada más.[32]

La metamorfosis ideológica y social del socialismo francés tuvo repercusiones dramáticas. El electorado popular y las clases medias bajas, sintiéndose abandonados, se separaron de los partidos de izquierda; el Partido Comunista, cuya base social obrera se disgregó con las mutaciones del sistema económico, sufrió de lleno esta desafección y, en pocos años, desapareció del panorama político (convirtiéndose en un aparato que se sobrevive a sí mismo); el populismo de extrema derecha arraigó en las clases populares que votaban a los socialistas y al Partido Comunista: su escalada, desde entonces, es el resultado, como veremos más adelante, de los callejones sin salida provocados por las derivas ideológicas y políticas de la izquierda.

Tras el abandono del programa keynesiano de relanzamiento económico por parte de la izquierda francesa en 1983, y como respuesta a la petición explícita de Helmut Kohl, en 1984 el presidente Mitterrand eligió a Jacques Delors para presidir la Comisión Europea. Fue una verdadera revolución en la historia de la construcción europea.[33] Delors imprimió una profunda huella neoliberal en los

32. Entre los numerosos escritos de Dominique Strauss-Kahn, véase en particular *La Flamme et la Cendre*, París, Grasset, 2002. Pascal Lamy, que fue miembro de la Comisión Europea entre 1999 y 2004 y secretario general de la Organización Mundial del Comercio, en declaraciones divulgadas en 2005 por Rawi Abdelal en *Capital Rules*, sostiene *grosso modo* la misma tesis, pero sabe mirar también a las clases populares empobrecidas.

33. Jacques Delors, una persona de gran integridad, ideológicamente cristiano social-liberal y exconsejero de la Confederación Francesa Democrática del Trabajo (CFDT), sindicato de tendencia cristiana próximo a la patronal y tradicionalmente opuesto a la CGT de orientación comunista, fue también consejero del primer ministro gaullista Jacques Chaban-Delmas entre 1969 y 1972; se afilió al Partido Socialista en 1974, tanto por sus convicciones de solidaridad social como para influir en el partido, en un sentido moderado,

genes de Europa, que no se pondrá en tela de juicio hasta cuarenta años más tarde, durante la pandemia de la covid-19. Su interpretación del contexto internacional, nacional y europeo se vislumbra claramente en sus ensayos políticos y en diversas biografías:[34] consideraba imposible oponerse con políticas contracíclicas al desencadenamiento de la globalización liberal debido a la interdependencia de los mercados que, entonces, caracterizaba a los países del conjunto europeo; creía que, en Francia, la derrota del Partido Comunista, la mayor fuerza social de aquella época en Europa (junto con el Partido Comunista Italiano), abriría la puerta, sin grandes protestas sociales, a la «reforma» del Estado social, al que se le culpaba de todos los bloqueos de la economía francesa. Con ese objetivo, Delors comprendió que era necesario dotar a la Comisión Europea de amplios poderes, y crear, en primer lugar, un mercado europeo capaz de incentivar las economías nacionales y, más tarde, una moneda europea que estabilizara los intercambios intraeuropeos y garantizara un bloque unido frente al dólar y el yen japonés, que imperaban en aquel tiempo en el sistema monetario internacional. Para poner en marcha su estrategia, Delors contó con un excelente equipo de tecnócratas, en el que destacaba especialmente Pascal Lamy, que sería comisario de Comercio.

La impronta francesa en la internacionalización del neoliberalismo (en su dimensión financiera) «puede entenderse en función de dos aspectos básicos: en primer lugar, porque la política oficial francesa, relativa a la modificación de las normas de las tres organizaciones (Comisión de Bruselas, OCDE y FMI), influyó de

---

frente a la alianza con los comunistas. Mitterrand lo nombró ministro de Finanzas, cargo que desempeñó entre 1981 y 1984, para tranquilizar a los círculos empresariales franceses, inquietos por la incorporación de ministros comunistas en el Gobierno.

34. Véase entre otros: *L'Unité d'un homme, entretiens avec Dominique Wolton*. Odile Jacob, 1994; así como Jacques Delors, entrevista con J. Louis Arnaud: *Mémoires*. Plon, 2003. Y finalmente, Jacques Delors et Michel Dollé: *Investir dans le social*. Odile Jacob, 2009.

manera desproporcionada, en dos de los tres casos decisivos, en el debate entre los Estados miembros sobre la incorporación en la normativa de la libertad de movimientos de capitales. En segundo lugar, políticos franceses, como Delors, Chavranski, Camdessus, desempeñaron papeles extraordinariamente cruciales en la configuración de las mencionadas organizaciones por lo que respecta a la liberalización de la cuenta de capital. Bajo ambos aspectos, los franceses tomaron distintas posturas en materia de internacionalización de las finanzas: entre 1983 y 1988, permitieron y brindaron una buena acogida a la internacionalización de capitales; en 1988, emprendieron una nueva misión internacional. Aquellos personajes franceses asumieron una responsabilidad de primer orden en el movimiento que haría posible la internacionalización. La paradoja francesa puede explicarse, en parte, por la combinación de dos simples hechos encadenados: una minoría modernizadora de ministros y altos funcionarios del Tesoro y del Banco de Francia lograron alcanzar el poder cuando el país se vio sumido en la crisis de principios de los años ochenta; una vez que estos vencedores abandonaron el gobierno francés para ocupar a continuación cargos de influencia en las organizaciones internacionales que lideraban la globalización, reprodujeron "en beneficio del mundo entero" las políticas que habían elegido para Francia». No era una conspiración sin más. Como señalaba Delors, sin tapujos, «no había ningún plan para liberalizar los movimientos de capitales en todas las organizaciones internacionales [...] Nosotros, esta minoría modernizadora, compartíamos una doctrina común, que continuamos defendiendo cuando nos encontramos desempeñando puestos en organizaciones internacionales».[35]

Esta larga cita del economista Rawi Abdelal muestra perfectamente la regresión que se consignó en la Francia de 1983 y su

35. Rawi Abdelal: «Le consensus de Paris, la France et les règles de la finance mondiale», en *Critique internationale*, núm. 28, julio-septiembre 2005; véase también *Capital Rules*, cap. 4: «The Paris Consensus: European Unification and the Freedom of Capital».

desenlace europeo e internacional. No obstante, el autor destaca un aspecto positivo en la orientación de clave francesa, en la medida en que se elaboraron *normas* para el funcionamiento de la globalización neoliberal, en oposición a la propuesta norteamericana que rechazaba cualquier tipo de regulación.[36] Un argumento, desde luego, bastante impreciso, porque elude una cuestión esencial: crear las condiciones normativas para que el neoliberalismo funcione mejor ¿corresponde al programa de la izquierda?, ¿no sería responsabilidad de sus líderes crear las condiciones para cambiarlo y poner la globalización al servicio del bienestar social? En este dilema, la doctrina «modernizadora» impulsada por los socialistas franceses apostó por la primera vía. Es posible pensar, como sostiene

36. Añade: «Por lo que se refiere al sistema financiero internacional, Francia ha marcado efectivamente la globalización al tomar la iniciativa en la formulación y redacción de sus normas. La formulación que han hecho los franceses de una normativa para la liberalización de los movimientos de capitales se ha centrado, y esto es esencial, precisamente en la existencia misma de unas normas y de la supuesta organización. De modo que, según Lamy, "en Europa, en aquella época, prevaleció la visión francesa: la liberalización asociada a la organización. Los episodios del FMI y de la OCDE son análogos; fueron intentos simultáneos de liberalización y organización". El tipo de globalización que los franceses temen –incontrolada, poco a poco, sin reglas– es exactamente el que defiende Estados Unidos. "Si no hay sistema, con normas que se imponen a los Estados, entonces tenemos un problema", subraya Lamy. Debido a la dominación aplastante de Estados Unidos en los mercados financieros, ni Wall Street ni el Tesoro norteamericano ven razón alguna para establecer reglas que un día podrían ir en su contra. En lo esencial, los resultados que las grandes instituciones financieras o el Tesoro de Estados Unidos desearían alcanzar sólo requieren los recursos estadounidenses. Ciertamente, no necesitaban un Delors, un Chavranski o un Camdessus para defender la globalización en su nombre. El enfoque norteamericano de una globalización *ad hoc*, que conviene a una gran potencia con ambiciones económicas estrechas, contrasta fuertemente con el enfoque francés de la "globalización controlada", estrategia que conviene a una potencia media dotada de ambiciones internacionales. La Fontaine ya lo dijo: "Es dueño de los lugares quien los organiza"», *ibid.*

Abdelal, que el establecimiento de una normativa es en sí mismo una garantía para evitar que la globalización se convierta en un campo de batalla; pero, para ello, es necesario que obligue a todos a respetar esas normas.

Ahora bien, esas normas no han impedido, durante décadas, el desencadenamiento de un capitalismo transnacional europeo y mundial que ha puesto en grave peligro la economía internacional y el ahorro de los ciudadanos europeos. La crisis de las *subprime* en 2008 no hizo más que poner en evidencia la falta de garantías para poder evitar estos desastres. Y esa es la lectura, el reverso de la aportación «reglamentarista» francesa: no sólo no se ha controlado la globalización, sino que las reglas del juego la hacen irreversible y la apuntalan en una única forma, la del *neoliberalismo*. Es un «jaque mate» a la visión de una globalización socialmente emancipadora, que debería haber sido precisamente la principal preocupación de los «reguladores» de la izquierda. Por eso, la institucionalización del neoliberalismo –anclada en una «normativa»– se ha convertido, merced al planteamiento de estos dirigentes de izquierda, en el eje principal de la construcción europea. Y por eso cualquier cuestionamiento de esta visión se convierte en herejía: los partidarios de una Europa diferente son considerados, en la *doxa* de este «pensamiento único» recientemente impuesto, enemigos «antieuropeos».

CAPÍTULO 6

La «competencia libre y no falseada» en el corazón de Europa

Es esta globalización consagrada en las normas la que se materializa en el Acta Única concluida en 1985-1986, ratificada en 1987 y puesta en vigor en 1990. Centenares de disposiciones normativas organizan la libre circulación de bienes, capitales y mercancías en el espacio europeo, sin prever que, *sin armonización fiscal*, la libre circulación intereuropea de capitales incrementaría masivamente las desigualdades dentro de este mercado. Un pecado original inexcusable por sus devastadoras consecuencias sociales y por el endeudamiento de los países europeos menos desarrollados, al tiempo que subsanable sólo por la vía de una vulneración masiva y de fondo de los Tratados que rigen la Unión Europea. Desde entonces, la izquierda europea no cesa, con razón, de reivindicar esta armonización fiscal.

LA COMPETITIVIDAD COMO VÍNCULO SOCIAL GLOBAL

El Acta Única es el documento normativo de referencia más importante de la Europa neoliberal, y lo que principalmente se le puede cuestionar es la consagración del principio de competencia «libre y no falseada» («no desleal») como eje del vínculo social global europeo. Nunca se medirá suficientemente el extraordinario alcance de este nuevo elemento-guía en la historia de la Europa moderna. A Jacques Delors, por el acuerdo entre François Mitterrand y Helmut

Kohl, se le considera el arquitecto protagonista. A lo largo de su recorrido, el Acta Única se dirige sistemáticamente a desmantelar todos los logros sociales tan duramente conquistados en Europa desde el final de la Segunda Guerra Mundial. Su paradigma se opone de hecho, o más bien se desvía de manera radical, al Tratado de Roma porque, recordemos, este tenía como único objetivo *coordinar* las políticas económicas y fundar una simple unión aduanera europea, sin poner en tela de juicio el control de la circulación de los flujos de capital.

El Acta Única propuesta por Delors es mucho más audaz: sustituye la *coordinación* por la *unión* económica fundada en la *libertad*, sin control, de los flujos de capitales. Esta regla, que discurre en el eje de la competencia «libre y no falseada», implica la exclusión ineluctable de la intervención de la política en el ámbito económico: destierra la función del Estado de regular los flujos de capital y de mitigar los efectos sociales perversos de la competencia del mercado. En adelante, el nuevo *mantra* es incrementar los beneficios, apoderarse de todos los sectores de la vida social (educación, salud, bienes de primera necesidad –incluida la vivienda–, transportes, seguridad de las condiciones de vida de los ciudadanos, etcétera)[37] para

37. Sin entrar en detalles, cabe señalar que la UE ha impuesto, con el pretexto del respeto de la libertad de competencia, la privatización progresiva de los transportes (en particular, ferroviarios) en Europa, y ha permitido, por otra parte, el desarrollo de actividades privadas de mercado en *todos* los sectores tradicionalmente de interés general. El objetivo global es, en la lógica de la política de competencia, y siguiendo el ejemplo de la economía norteamericana, reducir al mínimo todas las funciones públicas del Estado. Por tanto, no es casualidad que, desde el principio, la Comisión afirme que no le corresponde proponer una política social, y aún menos de empleo, puesto que ambas dependen de las «opciones» de cada Estado miembro. Esta afirmación oculta, evidentemente, que con los criterios de convergencia impuestos por el Tratado de Maastricht y el Pacto de Estabilidad de Ámsterdam (junio de 1997), llamado también Pacto de Estabilidad y Convergencia (PEC), es decir, la prohibición de déficit público superior al 3%, priva al Estado de la capacidad de garantizar tanto políticas sociales dignas de este nombre como servicios públicos de

someterlos a la ley del mercado, a la oferta y la demanda, y convertirlos, en definitiva, en mercancías. Al elegir esta vía, los dirigentes socialistas franceses promovieron de modo irreversible el neoliberalismo en Europa. Esto es lo que explica fundamentalmente por qué, en Francia, el Partido Socialista perdió influencia en las bases sociales de la izquierda (proletariado y clases medias bajas e intermedias) y sólo sobrevivió gracias a las debilidades políticas de la derecha francesa. Queda la gran paradoja de la historia, tanto francesa como europea: la «revolución» neoliberal ha sido profundamente impulsada por un partido de izquierda, el Partido Socialista francés, y no por la derecha europea, aunque esta sea la principal beneficiaria.

PASAPORTE PARA LA EUROPA DE LAS CRISIS

No podemos dejar de mencionar, como «broche de oro», la instauración de la moneda única por el Tratado de Maastricht en 1991, impulsada por Delors, al igual que el pleno reconocimiento de la libertad de circulación de los capitales europeos y mundiales *dentro* del espacio europeo.[38] Se produce en un contexto geopolítico nuevo, que se caracteriza por la unificación de Alemania, la descomposición de la URSS, la voluntad de ampliar el mercado común a los países del Este y la generalización de la inestabilidad en regiones limítrofes de la Europa occidental (guerras identitarias en los Balcanes, formación de naciones independientes, etcétera).

El plan de una moneda única es necesario en el marco de una economía europea *ya* integrada. Es legítimo y preciso en ese contexto, pero, en modo alguno, lo era en el momento de la adopción del Tratado de Maastricht en 1991. De hecho, los banqueros europeos

---

calidad y dotados de continuidad territorial. Desarma al Estado en su función de mantener la igualdad entre los ciudadanos.

38. Deviene la regla a partir del 1 de enero de 1994 con el artículo 73a-h del Tratado de Maastricht, que marca un giro histórico a favor de los mercados de capitales mundiales.

sabían perfectamente que las *divergencias de desarrollo* entre los países candidatos al euro eran muy acusadas y probablemente insuperables. Y esa fue la razón que determinó establecer un plazo de diez años (solo para redondear un número), hasta finales de 1999, para lanzar la moneda. Se suponía que, mientras tanto, se alcanzaría la convergencia de los presupuestos fundamentales de la economía de los países que habían decidido entrar en el euro. Con la finalidad de reducir estas diferencias, Jacques Delors propuso lo que llamó un «objetivo de cohesión social» basado en «transferencias financieras»: es el Fondo de Cohesión Social, creado en 1994.

Sin embargo, pese a la financiación inyectada en España, Grecia, Portugal e Irlanda, las diferencias se mantienen. Estos países no supieron aprovechar la ocasión para desarrollar su tejido productivo y en cambio invirtieron en infraestructuras viales. Robert Salais, en aquel momento uno de los directores de los programas de investigación de la Comisión, mostró crudamente la actitud de las instituciones comunitarias en el momento de la adopción del euro: «Las autoridades europeas han perdido interés en las balanzas comerciales entre países europeos, tanto antes como después de la introducción del euro. Las de los países del Sur se han degradado y han provocado un aumento del endeudamiento y de los préstamos en el extranjero». Y, para aclarar aún más las cosas, añade: «En Bruselas y en las capitales europeas, prevalece la creencia en la automaticidad de la convergencia y el llamamiento a las reformas estructurales, es decir, la desregulación del mercado de trabajo destinada a aumentar la productividad y reducir los costes. En Bruselas, en un contexto de rigor presupuestario, incluso para el presupuesto europeo, se evita tener que invocar la solidaridad financiera con los países menos desarrollados..., y, en los gobiernos, tener que decir que no a todo nuevo llamamiento financiero y mostrar, así, un espíritu muy poco europeo».[39]

Dicho de otro modo, desde el comienzo, el euro se ha puesto en marcha en condiciones que replican el modelo de la reglamentación normativa de la globalización inventada por los socialistas

39. *Le viol d'Europe*, París, PUF, 2013, pp. 280-281.

franceses y apoyada por los dirigentes alemanes, cristianodemócratas y socialdemócratas. El resultado no ha sido resolver sino agravar las desigualdades ya existentes. Se ha creado, sin exageración, una Europa de la catástrofe social, siempre pendiente de la zona supuestamente «*optimal*» soñada por Robert Mundell, y que, desde hace un cuarto de siglo, nunca existió.[40]

Implementar esta moneda «única» (y no «común»)[41] dependía, en primer lugar, de una cuestión política vinculada a las relaciones franco-alemanas. Para decirlo brevemente, respondía a una preocupación de Mitterrand, que la impuso a Alemania (a cambio de la aceptación no conflictiva de la reunificación del país) para salir del predominio del marco alemán como moneda de referencia estructural en el Sistema Monetario Europeo. Alemania se resistió, pero terminó aceptando la voluntad francesa (el euro es también una idea de Delors), aunque con una condición de doble filo: un tipo de cambio fijo y la imposibilidad, tutelada por criterios estrictos, de aplicar devaluaciones competitivas para los países que las necesitaran. *Es decir, nada que pudiera devaluar el marco alemán de referencia*. Este bloqueo implicaría la instauración de mecanismos draconianos de «buena gestión» presupuestaria[42] para los

40. Mauro F. Guillen propone un brillantísimo análisis del tema en *The Architecture Of Collapse*, Oxford, Oxford University Press, 2015, p. 130.

41. La diferencia es simple y tremendamente vinculante: la moneda *común* supone una política de *tipo de cambio flotante*, lo que permite a las monedas adaptarse a la coyuntura económica nacional e internacional, practicando, en su caso, devaluaciones llamadas «competitivas», mientras que la moneda única, inspirada en el economista neoliberal Robert Mundell, supone un régimen de *tipo de cambio fijo*, que no permite ninguna fluctuación monetaria e impone a los Estados el respeto de normas de gestión ortodoxas en detrimento de los equilibrios sociales internos, de ahí las inevitables políticas de austeridad, la más dura de las cuales fue la impuesta, bajo la presión de Alemania y de los países del norte europeo, durante la crisis del euro entre 2010-2015.

42. Criterios obligatorios: deuda pública por debajo del 60% del PIB; déficit público inferior al 3% del PIB medio; inflación por debajo del 1,5%; tipos

países afectados, y conllevaría la creación de un Banco Central Europeo totalmente independiente de los Estados, al modo del Bundesbank alemán. En otras palabras, era preciso un blindaje riguroso, que finalmente se plasmó en el Tratado de Maastricht de 1991.

Por otro lado, las debilidades de la moneda única no tardarían en evidenciarse. Ante la explosión financiera mundial de las *subprime* en 2008, la UE se vio paralizada por la rigidez del Tratado monetario y por la imposibilidad de aplicar políticas contracíclicas para neutralizar sus inevitables desastres sociales. Con todo, la cara oculta más significativa fue la previsión de una política común de moneda única, pero sin *gobierno económico de la zona euro*: serían los grandes banqueros del BCE los que harían la política de Europa, no los ciudadanos representados por sus respectivos gobiernos.

Esta toma de postura es realmente estratégica, no sólo por la imposición del modelo «ordoliberal»[43] alemán a todos los países de la zona euro, sino, sobre todo, por la dominación, a largo plazo, de las coaliciones de los países más desarrollados sobre el resto de los socios. El hecho premeditado de prescindir de un gobierno económico de la zona euro impidió, desde el primer momento, toda representación del interés general público europeo en el ámbito económico. En cambio, dada la desigualdad de partida entre países ricos y menos ricos, y contrariamente al objetivo inicial de una zona monetaria «óptima», se crea una divergencia cada vez mayor entre el norte y el sur de Europa. Hoy en día es gigantesca.

El sistema de la moneda única, que entra en vigor en 1999, impone a los países de la zona euro reglas de conducta muy rígidas, inspiradas en el respeto de los criterios de Maastricht. Con esta camisa de fuerza, la UE se convierte en el espacio más liberal del

de interés a largo plazo no superiores a 2 puntos de los practicados en los tres países con la inflación más baja (el conocido *spread*).

43. Teoría económica alemana según la cual el Estado debe limitarse a garantizar la competitividad «libre y no falseada» entre las empresas para que la economía logre su rendimiento óptimo.

sistema comercial mundial.[44] El dispositivo estructural es, por tanto, firme y revelador: una moneda única, drásticas normas de gestión ortodoxa, y la independencia del Banco Central, que dirige la economía europea. En este edificio faltaba el *imprimatur* del derecho constitucional.

Este era el objetivo del proyecto de Tratado por el que se pretendió establecer una Constitución para Europa el 29 de octubre de 2004: inscribir en el corazón de la identidad europea la aceptación del modelo neoliberal (la «competencia libre y no falseada»). No se ha contrastado suficientemente el alcance histórico de este texto: fue la primera vez, en décadas, que las élites, clases y grupos dirigentes europeos se pusieron de acuerdo para gestionar sus intereses, en el marco de la aceptación común del neoliberalismo. La propuesta de Constitución europea descartaba también siglos de luchas sociales en Europa.[45] Aunque el texto fue rechazado en varios referéndums nacionales tras el fracaso en Francia en 2005, su espíritu pervivirá en el Tratado de Lisboa de 2007 (Tratado de Funcionamiento de la Unión europea), aun tras la supresión del cuestionado (por el «no» francés) precepto que sacraliza la «competencia libre y no falseada».[46]

La crisis de las *subprime* de 2008 mostró con crudeza los límites de este Tratado, no sólo por sus consecuencias sociales, sino también por sus contradicciones económicas insostenibles (su falta de flexibilidad ante los contextos de crisis). El texto constitutivo, como

44. Todos los bancos del mundo, incluyendo la Reserva Federal de Estados Unidos, dependen de sus Estados, excepto el Bundesbank y el Banco Central Europeo, que es una reproducción de aquel.

45. Entre otras aberraciones, algunos artículos preveían la prohibición de las huelgas en la mayoría de los sectores neurálgicos de la economía, ¡pero autorizaban en todas partes el «cierre patronal»!

46. El artículo 1-3, apartados 2 y 3, estipula como objetivo de la Unión ofrecer *«un mercado interior en el que la competencia sea libre y no esté falseada»*. Los redactores del Tratado de Lisboa, traumatizados por el enfoque de los ciudadanos franceses sobre el mencionado artículo, lo eliminarán del texto oficial, si bien conservarán su vigencia como anexo del propio Tratado.

hemos señalado, se verá grave y progresivamente cuestionado tras la salida de Jean-Claude Trichet, director ortodoxo del BCE en la línea de Durão Barroso en la Comisión, y la llegada, en 2012, de Mario Draghi. No tardó en estallar la crisis del euro, que Alemania y los países del Norte tradujeron en la aplicación de políticas de «austeridad», las mismas que amenazan la supervivencia de la moneda única. Los países del Sur de Europa (España, Italia, Portugal, Grecia) se apretaron el cinturón. Había que salvar el euro o morir con él. Draghi, un gran banquero, salvó el euro. Moderó el ordoliberalismo alemán y, tras eludir las reglas del Tratado de Lisboa, impulsó una política de rescate (*quantitative easing*) o de refinanciación, como se quiera llamar, de las deudas soberanas de los países más endeudados.[47] Lo que equivalía a financiar los déficits presupuestarios nacionales, ¡un buen ejemplo de violación de los criterios de Maastricht!

Como reacción a la solución ingeniosa de Draghi, y para luchar contra los déficits gubernamentales futuros, la UE reelabora, en marzo de 2012, un nuevo texto en la línea del Tratado de Lisboa. Me refiero al Tratado intergubernamental sobre la Estabilidad, Coordinación y Gobernanza en la Unión Económica y Monetaria (TECG). El objetivo, una vez más, se inscribe en la misma corriente del ordoliberalismo alemán, según la voluntad enconada de Wolfgang Schäuble, ministro de Finanzas de Angela Merkel, apoyado por los países del Norte (sobre todo los Países Bajos) que «no desean pagar por los países del sur europeo». Este texto impone la adopción de una «regla de oro» presupuestaria (*«schwarze Null»*) en el derecho nacional de los Estados miembros, y especifica, por

47. Decide la compra masiva, en el mercado monetario secundario, de los títulos públicos emitidos por los Estados, y en 2015 establece la política de creación monetaria (*monetary easing*) que rescata a los países en situación de quiebra potencial y de vulnerabilidad estructural de su deuda soberana (países de la zona sur de Europa, así como también Irlanda). Esto le supondrá una denuncia judicial por violación del Tratado por parte de dirigentes del Bundesbank.

ejemplo, más allá de un sermón sobre el respeto de los criterios de Maastricht, un saldo estructural que no puede superar un déficit del 0,5% del PIB,[48] como si se tratara de racionar la cantidad de garbanzos que los ciudadanos de países endeudados tendrían derecho a poner en su plato... Hay que recordar que, a partir de 2010, la política de austeridad ha provocado más de 21 millones de parados en Europa.

EL GRAN FRACASO DE LA IZQUIERDA

Si tomamos la distancia necesaria para apreciar su profundo significado, la historia de los últimos cuarenta años de la construcción neoliberal de Europa muestra dos tendencias esenciales. Desde comienzos de los años ochenta, el plan político diseñado por los socialistas franceses y respaldado por la democracia cristiana europea ha legitimado y apuntalado la orientación neoliberal de la unidad europea; ambas fuerzas constituyen la espina dorsal que la vertebra. Sin embargo, que el proyecto político global sea francoalemán no significa que esté regido por un «eje» dirigente y dominante. Las relaciones de fuerza dentro del conjunto europeo siempre han sido mucho más complejas. La ideología que estructura esta política socialista-demócrata-cristiana es fundamentalmente conservadora, y, aunque no se formule de forma explícita ni sea un objetivo claro, favorece la emergencia de un gran capitalismo europeo de carácter neoliberal. No es, desde luego, la Europa social ni la de los ciudadanos el objetivo de este enfoque, sino la formación de un poderoso polo económico y financiero europeo dentro del conjunto mundial. Bajo esa perspectiva, Europa deviene en la Nueva Jerusalén, objetivo que reemplaza, sobre todo para una parte de la izquierda europea, el sueño del socialismo democrático de antaño.

48. Es preciso recordar que esta regla había sido adoptada desde 2009 por el Bundestag y el Bundesrat alemanes.

En el ámbito de las políticas internas de cada nación, la principal consecuencia de la adhesión al credo neoliberal europeo es también la imposibilidad de establecer políticas públicas de calidad centradas en la producción de bienes comunes, porque estas entran inmediatamente en contradicción con las orientaciones de la Comisión de Bruselas. Además, los países del sur europeo, desclasificados industrialmente, se han convertido en territorios de caza de los bancos franceses, alemanes, etcétera, al mismo tiempo que sus propios sistemas financieros entran de lleno en el proceso y endeudan a sus ciudadanos. El crecimiento exponencial de las exportaciones de Alemania en Europa (cuyo superávit, desde la adopción del euro en 1999, no ha dejado de aumentar, en detrimento del resto de los países) lidera de modo casi «imperial» (en términos del sociólogo Ulrich Beck)[49] el mercado europeo, reescribe a la baja el estatuto de los asalariados, en competición entre los territorios.

Esta evolución enmudece y desarma a la izquierda europea. Quienes denuncian, en nombre de una soñada Europa social, esta carrera hacia el sometimiento a los mercados financieros son considerados «antieuropeos». De ahí la tragedia actual, y el auge del euroescepticismo, o lo que es más, del rechazo de la propia Europa como proyecto común.

De hecho, la Europa de la interdependencia ha creado dependencias más acentuadas para los países menos ricos, cuando, por el contrario, habría podido elaborar un modelo solidario capaz de justificar esta interdependencia. A lo largo de las décadas de 1990 y 2010, la Comisión europea ha defendido a capa y espada el plan de «estabilidad» basado en las reglas presupuestarias del Tratado de Maastricht, cuyas consecuencias han sido devastadoras para las sociedades implicadas. Entre las más significativas cabe señalar el largo declive del crecimiento económico europeo a partir de los años noventa, la progresión imparable de la desindustrialización, la generalización de la precariedad laboral y la incapacidad para elaborar una política energética respetuosa con el medio ambiente,

49. Véase su obra *Una Europa alemana*, Barcelona, Paidós, 2012.

por no hablar del endeudamiento que corroe a casi todos los países de la zona euro.

Habría que esperar la crisis de la covid-19 para que el conjunto de esta concepción neoliberal de la economía europea fuera puesto en cuestionamiento; no es unánime entre las élites dirigentes porque algunas se dieron cuenta de que el precio social que había que pagar era extremadamente elevado, y que, además, en todas partes favorecía el crecimiento de los populismos nacionalistas. En efecto, en 2019, ante el *tsunami* provocado por la pandemia, Europa se paralizó, incapaz de producir mascarillas (en los años noventa se contaban por miles las empresas pequeñas que las producían) y de acceder, en un tiempo razonable, a la adquisición de vacunas de laboratorios extranjeros, porque ni siquiera disponía, en su propio territorio, de laboratorios capacitados para ello. Sin embargo, pese a esos interrogantes que surgen a propósito de realizaciones concretas de orientación neoliberal, no ha sido posible, hoy por hoy, establecer un acuerdo entre los socios europeos sobre la manera de dotar de coherencia el proyecto económico común. Los Estados aplicaban, pese a todos los textos europeos en vigor, políticas contracíclicas que amenazaban el déficit presupuestario; y, posteriormente, bajo la presión de los países del Sur y de Francia, la UE aceptó la política de mutualización de las deudas y de «eurobonos». Esta herramienta[50] de la deuda adoptada en 2020 ha demostrado que Europa también puede elegir otra vía, la de la solidaridad entre europeos. Si bien, tres años más tarde, comprobamos que esta política solidaria se ha relativizado y está condenada a desaparecer...

De hecho, tras la crisis financiera de 2008 y la pandemia, la construcción ideológica neoliberal se ha desplomado progresivamente y ha despojado a Europa de todo romanticismo. El nuevo paradigma que se ha impuesto se vincula ahora a la denominada

50. Paquete de estímulo de 750.000 millones de euros y 390.000 millones de euros en subvenciones cuyo «reembolso» (ilusorio) se mutualiza entre los gobiernos en más de 360.000 millones de préstamos a bajo interés.

transición ecológica; se busca, legítimamente, la creación de un nuevo modelo productivo, pero la izquierda sigue sin concebir la articulación necesaria entre la transformación ecológica y la reorganización de las relaciones sociales desde la perspectiva de un proyecto socialmente emancipador. En cuarenta años, tras el lanzamiento de una idea de construcción europea liberal y neoliberal, no ha habido espacio para reflexionar sobre un modelo ideológico alternativo.

Hoy en día, la globalización mundial «feliz», nacida a principios de los años ochenta, ha desembocado en numerosas crisis internacionales. Está profundamente golpeada. El sistema económico parece entrar, por razones geopolíticas, en un periodo de «desmundialización», de retorno al proteccionismo o, más grave aún, de yuxtaposición de guerras abiertas (Ucrania, Oriente Medio) a las guerras comerciales ya existentes entre los grandes polos: EE.UU., Europa y China. Una oleada militarista se está apoderando de Europa como no había sucedido desde la Segunda Guerra Mundial. La adopción, de nuevo, del «pacto de estabilidad», en diciembre de 2023, tras las políticas de financiación de la economía europea para favorecer el crecimiento (iniciadas en 2020), ha vuelto a poner de relieve la realidad de las divergencias insuperables entre el Norte y el Sur de Europa. El desacuerdo entre los miembros de la moneda única sobre las reglas presupuestarias supone el fin de las expectativas de una Europa unida más allá de las diferencias ideológicas, pues resulta claro que el acuerdo inicial entre izquierdas y derechas, que se consideraba clave para la unificación europea, se encuentra en una encrucijada. Ha llegado un nuevo ciclo histórico que replantea la orientación del conjunto europeo.

Tercera parte

UNIDAD Y DIVERGENCIAS INTEREUROPEAS

CAPÍTULO 7

Un sistema europeo inextricable

FRENTE AL CAOS MUNDIAL

La confianza en las virtudes del mercado común prometía apaciguar los conflictos intereuropeos, al igual que encarnaba un puente para ampliar el bloque aliado de Estados Unidos frente a la Unión Soviética. El cálculo resultó ser correcto, salvo para lo que vendría después: la increíble e inesperada desaparición del enemigo soviético en 1991.

En el vacío creado por este acontecimiento inaudito, a lo largo de los años noventa, Estados Unidos mostró sin ambages su *hubris* unilateral con la primera invasión de Irak, en 1991, y la instalación de un ejército de más de 500.000 soldados y varias bases militares en toda la región, que provocó el contraataque de las Torres Gemelas de Nueva York, el 11 de septiembre de 2001, luego la conquista de Afganistán como respuesta y, sobre todo, la destrucción definitiva, condenada por la ONU, de Irak en 2003. En los veinte años que se sucedieron, y que continúan hoy por la misma senda hacia un mundo cotidianamente bélico, el multilateralismo se restableció como resultado del clamoroso fracaso de la OTAN en Afganistán: enfrentamientos en Europa central, guerra en Georgia, contienda entre Armenia y Azerbaiyán, invasión de Ucrania por parte de Rusia; clima bélico en Oriente Medio (en Siria, y entre Israel y Palestina); guerra en Libia, conflictos violentos en torno a Turquía, etcétera. No hay páginas suficientes para registrar el gigantesco trastorno del mundo, tanto dentro como fuera de Europa.

Más concretamente, el juego de la continua ampliación de la UE hacia el Este, la invasión rusa de Ucrania –que es también uno de sus efectos y una reacción–, y la nueva situación geopolítica europea, tan peligrosa como la que prevaleció en el periodo de entreguerras del siglo XX, están diseñando un sistema multipolar desequilibrado, que ahora camina al borde del precipicio de la guerra nuclear. ¿No se planteó la amenaza en Ucrania en 2022? Es preciso reflexionar sobre la envergadura y el alcance de esta inmensa inmersión en el caos que nadie parece ya capaz de contener.

La caída del muro de Berlín, en 1989, piedra angular que anunció a bombo y platillo la derrota histórica de la Unión Soviética en el mundo, supuso para Europa un abismo de «letras pequeñas» que nunca antes habían sido advertidas en su verdadera y enorme dimensión. La caída del muro marcó el retorno de Alemania como potencia central europea, y precipitó, tras la reunificación de este país, la descomposición generalizada del sistema estatal de la Europa central de la época soviética, impulsando un proceso de escisión de las naciones que condujo, salvo en Polonia, Hungría y Rumanía, a la creación de Estados-nación distintos y potencialmente opuestos (Yugoslavia, Checoslovaquia, etcétera). Alemania no fue ajena a esta evolución. Este movimiento de tierras comportó la fragmentación, aún no concluida, de los Balcanes, los conflictos que permanecían aletargados entre las etnias y las confesiones de Europa central resurgieron con virulencia, levantaron odios compartidos, revanchas inaplazables, siempre dispuestas a consumarse.[51] Sin embargo,

51. Podría hablarse largo y tendido de estos odios inextinguibles; me limito a contar lo que dijo, con su talento irónico y lúcido, y mejor que todos los libros de historia, el primer ministro albanés, Edi Rama, en el encuentro de Bled organizado por la UE a propósito de la ampliación a los países de los Balcanes: «¿Quién debería atacar a quién, entre nosotros, para obtener la adhesión más rápidamente que Ucrania?». Y, por lo que respecta a los numerosos conflictos de identidad que están minando la región, afirmó amargamente que «Bulgaria podría atacar fácilmente Macedonia del Norte; Croacia a Serbia; Serbia a Kosovo; Bosnia (muy dividida, *sic*) podría atacarse a sí misma sin problema. Estoy seguro de que si se pide a los griegos que nos ataquen [a los

este periodo convulso de retorno de los conflictos intereuropeos puso de manifiesto, una vez más, el papel preponderante de Estados Unidos en la instauración del equilibrio europeo: respaldó la reunificación alemana deseada por el canciller Kohl contra la postura de Francia y la oposición expectante de Gran Bretaña, e intervino en la antigua Yugoslavia para evitar la destrucción de Kosovo y Bosnia por parte de Belgrado. Pero, a partir de 2001, el orden unipolar norteamericano también entró en crisis merced a otro nuevo acontecimiento con consecuencias, por el momento, inconmensurables: la emergencia del gigante chino, capaz de transformar todos los mapas geopolíticos en todos los continentes.

DEBILIDADES ESTRUCTURALES EUROPEAS

Han sido otras adversidades significativas las que han ido abriendo profundas brechas estructurales en la Unión Europea. Por un lado, la pandemia de la covid-19 puso en evidencia los acentuados agujeros paulatinamente cavados en las últimas décadas en el tejido productivo europeo, en detrimento de una industrialización respetuosa con el medio ambiente; un capitalismo especulativo desenfrenado (piénsese, por ejemplo, en el poder tentacular de los fondos de pensiones europeos), que promueve puestos de trabajo precarios y mal

---

albaneses], lo harían con gusto. Y Montenegro podría hacerse el muerto en la playa. Y, así, todos estaríamos dispuestos a subir al tren con Ucrania». Aunque desencadenó las risas de la asamblea, la broma escondía una media verdad capaz de persuadir a los países de los Balcanes de la idea de que sólo un retorno de la violencia podría despertar, por fin, el interés de la Unión Europea por una región, ciertamente desheredada y despoblada, pero que permanece geográficamente en su corazón. Al denunciar el «proceso sin fin» de las retóricas de adhesión, la primera ministra serbia, Ana Brnabić, recordó también que, para los Balcanes, la adhesión no sería tanto una «ampliación» como un «englobamiento». «Ya estamos rodeados de los países de la UE por todos lados», señaló, marcando una diferencia notable con Ucrania (*Le Monde*, 19/9/2023).

pagados, marca el destino de una Europa de «economía de servicios» y acaba transformando los países más bellos en un *Far West* para el turismo depredador de los ecosistemas locales.

Por otro lado, la guerra en Ucrania ha puesto de relieve que el sistema, económicamente potente, de la UE no está afianzado por una arquitectura común de seguridad. Salvo el caso de Francia y Gran Bretaña, los presupuestos nacionales de defensa han estado dormitando en la cándida seguridad del escudo de la OTAN. Y ha sido, sin duda, esta laguna la que ha hecho creer a Vladímir Putin que podía atacar impunemente Ucrania. De ahí, desde febrero de 2022, la carrera desenfrenada por reforzar las inversiones en defensa en todos los países de la UE, una carrera que, sin una coordinación previa, augura grandes dificultades para la necesaria cooperación de las fuerzas europeas. Y para complicar una situación ya de por sí inquietante, han salido a la luz, a raíz de estas debilidades, las divergencias de intereses estratégicos entre los Estados-nación de la UE, sobre todo entre Francia y Alemania, y entre Europa occidental y los países del Este.

En el trasfondo de estos desacuerdos, aparece claramente el tropismo estratégico de cada uno de los Estados europeos frente a Rusia. Durante el mandato del ultraliberal Durão Barroso (2004-2014), conviene recordar que este país fue tratado con desdén por la Comisión de Bruselas, directamente instrumentada por la diplomacia estadounidense. Los países del norte de Europa, los del Este y los del Báltico, por razones históricas e identitarias, consideran a Rusia un potencial adversario o bien un enemigo hereditario. Para Francia, en cambio, no ha sido, en su tradición diplomática, un adversario estratégico, aunque la invasión de Ucrania haya cambiado legítimamente la situación. Alemania tampoco es estructuralmente hostil a Rusia; al margen de su dependencia energética, que ha logrado limitar recientemente, hoy es consciente de que, en caso de que la guerra en Ucrania se generalizara, sería el primer territorio afectado. Sobran razones que aconsejan intentar desenredar la madeja de este panorama gravemente trastornado por el golpe de fuerza ruso.

CAPÍTULO 8

Francia-Alemania, una relación venida a menos

UNA ALIANZA HISTÓRICA Y NECESARIA

Se podría hablar largo y tendido de los conflictos reales y latentes entre Francia y Alemania. En realidad, es un recorrido que ha ido desmoronando la leyenda del tándem franco-alemán que, de común acuerdo de sus integrantes, y pese a sus puntuales intereses divergentes, conduciría a la idea de una Europa unida. No es sino un *mito*, un objetivo traspapelado cuando, a propósito de la firma del Tratado del Elíseo, en 1963, Francia «tendía» la mano a Alemania, una nación vencida y arrepentida. Al lanzar el proyecto de integración europea, el general De Gaulle creyó en la reconciliación entre los dos países, pero se equivocó sobre las intenciones y la lógica de los intereses germánicos; la nación alemana sí utilizó legítimamente esa «mano tendida» para ir tomando posiciones en el centro de Europa, un tropismo identitario que le es consustancial, reconstruyéndose –con esfuerzo y talento dignos de admiración– en el ámbito económico e industrial.

En la época gaullista, entre 1958 y principios de los años setenta, Francia se presentaba, en su calidad de modelo de Estado de bienestar, como la brújula de Europa, a la vez que dedicaba buena parte de sus recursos a mantenerse como potencia militar y nuclear, sin interferir en los intereses alemanes orientados a consagrar su propio poder industrial. Pero el modelo francés entró en declive a partir de 1968; los años setenta y mediados de la década de los noventa son testigos de cómo el capitalismo industrial empezó a caer en picado: la desindustrialización pulverizó sectores enteros de la economía, las deslocalizaciones amputaron el mercado interior, la inflación se generalizó, el franco se debilitó y el desempleo alcanzó niveles sin precedentes. Con la llegada, en 1974, del presidente Valéry Giscard d'Estaing, próximo al capitalismo financiero y bancario, se inauguró un periodo de reorientación económica que acabó desembocando en la liquidación progresiva del Estado del bienestar y, como corolario, en la instauración de un sistema monetario europeo condicionado por la voluntad alemana de hacer del marco la unidad de referencia de la Comunidad Europea. Giscard d'Estaing perdió los comicios presidenciales de 1981 debido a las repercusiones conjuntas del desempleo y la inflación, derivadas del respaldo de tales opciones políticas. La izquierda ganó las elecciones con un programa keynesiano de relanzamiento, que abandonó, como hemos dicho, en 1983. Este giro sustancial instauró el denominado «consenso de París», el sustrato de la globalización neoliberal.

Los grandes grupos de interés franceses, fascinados por el modelo social y político alemán, impulsaron firmemente la idea de recomponer una sólida relación estratégica con un país dotado de grandes fortalezas y considerado el motor de Europa. El Tratado del Elíseo de 1963, que fortalecía este vínculo, se convirtió en una suerte de «religión de Estado», en palabras del exministro de Asuntos Exteriores francés Hubert Védrine. Pero, como ya hemos comentado, este entendimiento bilateral prevaleció hasta 1995 y el final del ciclo representado por Kohl y Mitterrand; desde entonces ha ido reduciéndose a «momentos de acuerdo o de consenso sobre el fondo de desacuerdos o de malentendidos nunca esclarecidos voluntariamente entre Jacques Chirac y Helmut Kohl, Gerhard Schröder y Chirac, Nicolas Sarkozy y Angela Merkel, Merkel y François Hollande»[52] y, hoy añadiremos, Olaf Scholz y Emmanuel Macron.

Llámese alianza estratégica o relaciones complejas salpicadas de altibajos, lo cierto es que las élites francesas no disimulan su

52. Hubert Védrine, *Face au chaos, sauver l'Europe*, París, Liana Levi Éditions, 2016, p. 108.

entusiasmo por el éxito de un modelo basado en un compromiso estructural que habita entre las fuerzas sociales de derecha e izquierda, un consenso sobre el capitalismo negociado entre empresarios y sindicatos, y la posibilidad, siempre abierta, de gobernabilidad en coalición sin perjudicar por ello la imagen ideológica de los partidos afectados. Una fórmula que garantiza la estabilidad del sistema económico y unas relaciones de fuerza que no cuestionan jamás el papel dirigente del capitalismo alemán. A esto cabe añadir la notable admiración que profesan las élites financieras por la política monetaria independiente, dirigida por el Bundesbank, que silencia al poder político bajo el pretexto de controlar la inflación. En otras palabras, un sortilegio bien dosificado de ordoliberalismo alemán y neoliberalismo europeo (*made in* Bruselas), alimentado también por los grandes sindicatos alemanes. Y un sueño potencialmente «reparador» para las élites económicas francesas, hastiadas de las incesantes protestas políticas y sociales.

Ahora bien, ¿esta visión francesa corresponde a la realidad alemana? Tan sólo parcialmente. Téngase en cuenta que, en los años ochenta y noventa, Alemania fue superada por Francia en bastantes y variados sectores, incluso en el sector industrial. Pero la necesidad de observar los criterios del Tratado de Maastricht, y la perspectiva de la moneda única, constituyen los impulsores que han conducido a Alemania a transformar en profundidad su modelo económico. En 2000, Gerhard Schröder abordó reformas estructurales, sobre todo la del mercado laboral, que costaron a la socialdemocracia alemana una aplastante derrota por parte de la democristiana Angela Merkel. A partir de entonces, la innegable superioridad económica alemana no tardó en hacerse valer mediante la puesta en práctica de planes estratégicos, particularmente en materia industrial. Mientras que la mayoría de los países europeos, atrapados en las redes de Maastricht, se hallaban concentrados en los sectores de los servicios y de la alta tecnología (sobre todo Francia), Alemania se decantó por la especialización industrial en el sistema europeo y mundial: al tiempo que favorecía la creación de grandes y medianos grupos industriales nacionales, así como una economía desenfrenada basada en las exportaciones comerciales, promovía una cultura del ahorro que paralizó en gran medida las importaciones alemanas de la *zona euro*. En definitiva, logró implantar una «fórmula mágica» siempre vencedora: una mezcla de mercantilismo, fuerza industrial y poder monetario. Los números de su balanza comercial lo demuestran sin solución de continuidad desde principios de los años 2000.

Para desplegar esta fuerza, los parámetros políticos que brindan los Tratados de Ámsterdam, de Niza y de Lisboa juegan a su favor: la demografía permite incrementar la representación alemana en el Parlamento y en el Consejo europeos. Además, el sistema del euro, desde su creación, le beneficiará en el comercio intrazona del euro. En definitiva, haber apostado por la industrialización ha situado a Alemania en el podio europeo.

El comercio exterior es un indicador concluyente de la potencia de un país (por ejemplo, China), pero se encuentra supeditado no sólo al desarrollo de una política industrial solvente, sino también a una estrategia energética segura (el talón de Aquiles de Alemania). El mandato de Schröder, en 2000, logró fortalecer de forma duradera la especialización industrial, hasta el punto de que el país germano se convirtió en una potencia mundial: hoy en día, es legendaria al igual que la especialización financiera de Gran Bretaña o la de Estados Unidos, que han propulsado los GAFA (Google, Amazon, Facebook y Apple), gigantes del nuevo mundo digital que ya estructura el siglo XXI.[53]

Ahora bien, Francia, excepto en el sector aeroespacial y en la industria del lujo, y pese a que cuenta con haberes científicos y tecnológicos excepcionales, no ha definido su ámbito de especialización.[54] A mediados de los años noventa perdió la hegemonía

53. Por lo demás, este es el sentido de la guerra comercial que Estados Unidos libra contra China, una enorme potencia industrial que pretende dominar también este sector y el de las tecnologías avanzadas.

54. Es decir, el *Standort Deutschland* o sistema de formación-cualificación de la fuerza de trabajo y de las relaciones sociales.

industrial que había consolidado tras la Segunda Guerra Mundial, situándose hoy sólo en las altas tecnologías y en el sector de los servicios. En definitiva, mientras Francia sigue la senda vacua de la Comisión Europea, que no impulsa políticas industriales desde el lanzamiento del euro, frenando el crecimiento europeo en virtud de las directrices disciplinarias del pacto de estabilidad, ¡Alemania gestiona con suma profesionalidad la globalización neoliberal que habían instigado las élites tecnocráticas socialistas francesas! Francia se queda atrás por efecto, recordemos, de las decisiones tomadas por gobiernos socialistas de los años ochenta y noventa –Pierre Bérégovoy, Laurent Fabius y Dominique Strauss-Kahn, primeros ministros y ministros de Finanzas–, que radicalizaron el modelo neoliberal financiero nacional en detrimento de la política industrial. Cruel ironía de la historia: el brazo político que debería apoyarse en las fuerzas de trabajo y productivas en la tradición de la izquierda es el que acaba implosionando esta base social y abriendo la puerta al debilitamiento de la economía francesa.[55]

Francia ha perdido mucho peso e influencia en los últimos cuarenta años, excepto en el área nuclear civil, a la que no ha renunciado, a pesar de las presiones alemanas de las tres pasadas décadas. Cabe preguntarse ahora si la preeminencia alemana significa una posición de dominio en la relación con Francia y el resto de la UE. En este contexto, la idea de un *hegemón* alemán es difícil de definir: es verdadera y falsa a la vez. Verdadera porque Alemania es indiscutiblemente la potencia económica dirigente de la Unión por su PIB, su comercio exterior, sus exportaciones y su industria; falsa porque es un *hegemón* sin deseo de dominar: toda forma de dominación implica obligaciones y responsabilidades, y este país no quiere afrontarlas. Diseña su propia política y, muchas veces, sin mirar a sus vecinos: piénsese en la decisión de regularizar a un millón de refugiados, cuestionando los Acuerdos de Dublín, o cuando renunció unilateralmente, después de Fukuyama, a la política

55. Esto explica por qué el Partido Socialista fue finalmente barrido del tablero político, abriendo trágicamente el camino a la extrema derecha francesa.

nuclear civil y reactivó las energías fósiles. De hecho, se define por ser un país «prescriptor»,[56] sobre todo en materia de austeridad e imposición de políticas liberales que le benefician, y lo hace a menudo a través de la Comisión de Bruselas, en la que ocupa posiciones de poder en varias direcciones generales. Pesa más que pisa. Se proyecta históricamente como un *empire soft*,[57] pacifista (¡pero en absoluto *pacífico* en la guerra comercial con sus vecinos!). Así que no hay *hegemón*, pero sí una superpotencia alemana en Europa que no anhela dirigir la UE, pero sí busca, a diferencia de la época de Angela Merkel, la ampliación sin cuartel de la UE, perpetuar su poder y desempeñar un papel de brújula en la Europa central y del Este. Y también quiere convertirse en fuerza militar decisiva respaldada por la OTAN.

DIVERGENCIAS QUE SE ACENTÚAN

Estos objetivos definen la estrategia actual de Alemania, al menos tal y como se puede inferir del discurso de Olaf Scholz en Praga, en agosto de 2022. El presidente Macron trató, sin lograrlo, de contenerla, en su discurso en Bratislava en noviembre del mismo año. Las divergencias, desde luego, saltan a la vista en diversos planos, no sólo en la política industrial, también por lo que respecta a la capitalización de la energía nuclear civil en Europa, la defensa común, la reforma del Pacto de Estabilidad, así como el procedimiento en la toma de decisiones en el marco de las instituciones europeas. En esta última cuestión, la posición alemana aboga ahora por una federación de baja intensidad; la francesa, en cambio, sigue sin definirse.

56. Como señala justamente Coralie Delaume en una conferencia titulada «Deutsch-französische Partnerschaft ou couple franco-allemand? La place de l'Allemagne en Europe?», en *Res Publica*, 18 de enero 2019.

57. Véase la exclamación del sociólogo alemán Ulrich Beck: *Non à l'Europe allemande!*, París, Éditions Autrement, 2013.

Por lo que se refiere al Pacto de Estabilidad y Crecimiento, Alemania se muestra firme partidaria de recuperar la vigencia de los encorsetados criterios de Maastricht y de la disciplina presupuestaria ortodoxa, mientras que Macron prefiere prolongar la flexibilidad que ha sido protagonista desde la crisis de la covid-19, tanto para favorecer el crecimiento como para desarrollar políticas comunes, incluso mutualizadas. El 23 de diciembre de 2023 se alcanzó un tibio compromiso que no satisfizo a ninguna de las dos partes: aplicar ciertas dosis de flexibilidad, pero sin cuestionar el fondo de las directrices de Maastricht. Hay que añadir, además, la persistencia del bloqueo en torno a la política energética, en la medida en que Alemania siga atrapada entre la ruptura de los contratos de gas con Rusia y el rechazo a relanzar su producción nuclear, al tiempo que pretende impedir que Francia se erija en el principal proveedor de electricidad europeo, gracias a sus centrales nucleares. El enfrentamiento sobre esta cuestión ha sido clamoroso, pero finalmente la postura francesa ha prevalecido, con gran pesar de los Verdes del otro lado del Rin.

Igual de turbulento se presenta el asunto de la reforma del pacto presupuestario europeo: las líneas se mueven entre el estímulo de las inversiones industriales masivas, para favorecer la transición energética, digital y de defensa, y el reproche alemán por la falta de firmeza de la Comisión Europea frente a los socios que aplican dicha política. Sabemos que estos graves desencuentros se acentuarán cuando llegue el momento de plantear el futuro de Europa, seguramente después del fin de la guerra en Ucrania.

Por último, en lo que concierne a la política de defensa, Alemania ha experimentado un giro importante desde 2022, cuando Scholz tomó la decisión de dedicar el 2% de su presupuesto a este sector, doblegándose así a las exigencias de la OTAN. Particularmente, como expresó en su discurso de Praga, prevé desarrollar masivamente su fuerza militar y orientarse hacia «la defensa de los Estados del Este», precisamente países aliados de la OTAN, y aliados entre ellos, que se han embarcado, empezando por Polonia, en una política de armamento nacional...

Con todo, si hay una vertiente que podría provocar una ruptura de la ya tensionada relación franco-alemana es la que afecta al sistema de votación en la toma de decisiones en el seno del Consejo Europeo. Porque si se generaliza la regla del voto por mayoría cualificada, Francia se encontrará en desventaja con respecto a una «Europa de los 36», que inevitablemente permanecería bajo la influencia económica y financiera alemana. Aun así, detrás del abandono de la votación por unanimidad cabe destacar la cuestión de la posición de Francia en el Consejo de Seguridad de la ONU, que podría ser puesta en tela de juicio en una Europa federal. Esta posibilidad es tanto más real cuanto que, desde hace décadas, la UE lamenta no tener representación en dicha institución.

Se trata de una cuestión crucial que merece una detenida reflexión. Los partidarios de la entrada de la UE en el Consejo de Seguridad –como miembro permanente– barajan dos hipótesis: que la silla francesa se atribuya directamente a «Europa», o bien que se comparta, aunque también esa representación de la UE puede acabar con las expectativas de muchos países, desde la India hasta Brasil pasando por México, Egipto y Sudáfrica, de acceder a ella.

En definitiva, entre esas dos orientaciones posibles –una Europa confederal o federal–, pese a que los matices a favor de una u otra vía hayan emergido en el campo político, hasta el día de hoy, Francia no se ha decantado definitivamente por ninguna de ellas. Salvo Gran Bretaña, ningún otro país implicado en el proceso de construcción europea ha vivido con tanta intensidad este dilema.

Sea como fuere, bastaría que una Europa, sea federal o sometida directamente a la *hegemonía* política de un país, planteara esa cuestión para generar en Francia un debate existencial sobre su papel en el mundo. Es muy probable que, en este caso, Europa se viera obligada a reemplazar la *Oda a la alegría* de Beethoven por la *Pavana para una infanta difunta* de Maurice Ravel...

Últimamente han aflorado dos señales inquietantes: el diálogo entre los dos países se ha vuelto cada vez más difícil, y Francia, desde 2023, tiende a desligarse de su cara a cara con Alemania, y busca otros posibles aliados, especialmente los Países Bajos, Italia (antes de la llegada de la populista de extrema derecha Giorgia Meloni) y Polonia. En suma, un periodo de incertidumbre, e incluso de imprevisible entropía, define actualmente las relaciones franco-alemanas. Un devenir perturbador para el conjunto europeo, que necesita un tablero estable.

CAPÍTULO 9

Una crisis que permanece

El desencuentro que caracteriza hoy al eje franco-alemán, muy distinto del que protagonizó la política europea desde principios de los años cincuenta del siglo XX, y la alianza estratégica conformada en los años ochenta alrededor de François Mitterrand y Helmut Kohl, y mantenida luego por Jacques Chirac y Gerhard Schröder, viene a plantear la cuestión del modelo institucional de la UE como organización. No es por azar que los discursos de Scholz y Macron pongan en primer plano esta cuestión fundamental, que queda suspendida en el aire a la espera de que los dos socios, en consonancia con el resto de los países miembros, lleguen por fin a un acuerdo sobre el modelo de funcionamiento orgánico de la UE más allá de su aspecto económico. Este debate, que reposa en las manos de los dos pesos pesados de la construcción europea, nace a la par de los profundos cambios que experimentan los fundamentos de la UE a partir de la instauración del euro: una verdadera mutación histórica ha tenido lugar ante nuestros ojos, aunque es incómoda para el debate público.

COMISIÓN Y BANCO CENTRAL EUROPEOS, EN EL CENTRO DE LOS CONFLICTOS DE INFLUENCIA

Basta preguntarse por el papel de la Comisión Europea, una institución independiente de los Estados miembros y agente escolta de los Tratados constitutivos, que ha sido epicentro decisorio de la UE desde los años 1990 hasta 2015. Aprovechándose de las atribuciones que le reconoce el derecho de iniciativa delegado por el Consejo Europeo, y abusando de la práctica del *spoils system*, la Comisión ha ido acumulando un extraordinario poder fáctico, que afianza gracias a su capacidad de crear derecho, es decir, un régimen normativo que compromete las respectivas soberanías nacionales. De ese modo se ha conseguido que una estrategia tecnocrática *ademocrática* haya ido cimentando la construcción del conjunto europeo. Este rol de la Comisión viene respaldado por el Banco Central Europeo, otra institución igualmente independiente de los Estados.

Ahora bien, a lo largo de la crisis financiera internacional de 2008 y, sobre todo, la del euro, entre 2010 y 2015, esta dinámica funcional ha sido sometida *de facto* a una dura prueba. Durante el seísmo provocado por la enorme especulación «criminal» (las *subprimes*) de los bancos, la Comisión se mostró incapaz de reaccionar: sus parámetros *procíclicos* (rígidos criterios presupuestarios y de deuda) eran del todo inoperantes, incluso paralizantes, para afrontar con solvencia situaciones de este calado. Sólo una política *contracíclica* (que Estados Unidos, foco de difusión de la explosión financiera, adoptó astutamente con el Plan Paulson) habría evitado (o minimizado) los desastres sociales y humanos que debilitaron permanentemente la construcción europea a lo largo de los diez años siguientes, y que continuaron provocando a su paso el abandono del barco por parte de británicos poco confiados en las decisiones de la Comisión.[58] Se confirmó el aforismo latino «*errare humanum est, sed perseverare diabolicum*» al apoyar la Comisión la política de austeridad impulsada por Alemania y los países del Norte, y al crear las condiciones para una ruinosa y duradera regresión de los socios del Sur de la UE. En definitiva, la Comisión antepuso el interés de los círculos bancarios, responsables, a la sazón, de la crisis, al interés general de los pueblos europeos como punto de referencia.

58. Véase Robert Tombs, *This Sovereign Isle*, Londres, Allen Lane, 2000, pp. 224 y ss.

Este fracaso de la Comisión, presidida entonces por Durão Barroso, está vinculado a la religión neoliberal que profesa, cuyos dogmas están esculpidos, a fuego, en el Pacto de Estabilidad y Crecimiento. Principios bendecidos diariamente por el entonces Banco Central, y escrupulosamente vigilados por el Bundesbank. Este naufragio, de carácter estructural, demuestra, si tenemos en cuenta el mencionado aforismo, la «rigidez punitiva» del Tratado de Lisboa de 2007, reforzado por la Alemania de Angela Merkel, en 2012, mediante el Tratado sobre la Estabilidad, Coordinación y Gobernanza en la Unión Económica y Monetaria (TECG):[59] se otorga carta de naturaleza a una política «austericida», vinculante para todos los miembros de la zona euro, letal para los del Sur, que prohibirá, como una suerte de mandamiento religioso, la adopción de políticas contracíclicas.[60]

La crisis vino a destapar, por un lado, la contumacia de la Comisión en el credo neoliberal a pesar de sus graves consecuencias sociales y políticas; y por otro, y en última instancia, el papel preponderante de los Estados más poderosos del conjunto europeo: Alemania y sus aliados *imponen* su punto de vista. Desde el debilitamiento de la Comisión después de la crisis de 2008, la dinámica intergubernamental se sitúa, a partir de 2010, en el centro de la toma de decisiones en el seno de la UE. Si bien elude expresarlo con firmeza, el discurso que pronunció el presidente francés en 2017 en la Sorbona subraya este giro institucional. De ahora en adelante, serán los Estados los que se situarán en primer plano (el Consejo Europeo), y no la Comisión. Esto no significa necesariamente emprender una política diferente, porque los objetivos no varían, sino un poder de control y orientación política de la Comisión hacia un

59. Ratificado, excepto por Gran Bretaña y la República Checa, el 1 de enero de 2013 por los diecisiete países de la zona del euro.

60. Hay que reconocer a Jean-Claude Juncker, nuevo presidente de la Comisión entre 2014 y 2019, el haber intentado modificar las orientaciones ultraliberales de la política de su predecesor, José Manuel Durão Barroso. En particular, Junker inició una reflexión sobre la política social de la UE, que se abandonó con la llegada de Ursula von der Leyen en 2019.

federalismo intergubernamental eminentemente pragmático: son los Estados los que gestionarán las consecuencias sociales y políticas de las decisiones europeas.

A partir de 2015, el italiano Mario Draghi, presidente del BCE, impulsó, con el apoyo del Consejo Europeo, un paquete de medidas contracíclicas que no gozaron del visto bueno de los países del Norte ni tampoco de Alemania; una política que continuó, en 2017, su sucesora en el cargo, la francesa Christine Lagarde, aun bajo la estrecha vigilancia de los países «austericidas» de la UE.[61]

En definitiva, desde 2015, y particularmente a partir de 2017, son los gobiernos nacionales representados en el Consejo Europeo los que toman el mando de la construcción europea, y reducen a la Comisión a desempeñar un papel esencialmente técnico; se impone una política de flexibilidad presupuestaria opuesta a la tradición de la Comisión de Bruselas, se abren campos de cooperación entre Estados sin que eso dependa de las autorizaciones de los servicios adscritos a ella (por ejemplo, el debate sobre las medidas en el mercado de la electricidad), etcétera.

Esta tendencia cobra forma especialmente con ocasión de la gestión del impacto de la covid-19, y obliga a la Comisión a someterse a sus pautas y directrices. Dicho con otras palabras, son los Estados los que liquidan el Pacto de Estabilidad y Crecimiento, y, en la práctica, anulan los criterios de convergencia presupuestaria de Maastricht; son ellos los que ponen en tela de juicio los acuerdos de Schengen y de Dublín sobre las migraciones y las peticiones de asilo y, para

61. «Vigilar» es un eufemismo, porque, a raíz de las demandas individuales de ciudadanos alemanes, el BCE presidido por Draghi, tras haber sido legitimado por el Tribunal de Justicia de la Unión Europea (TJUE) para aplicar la política de mutualización de las deudas y la utilización de los fondos concedidos a los países endeudados, será descalificado por una sentencia del Tribunal Constitucional federal alemán de 5 de mayo de 2020, que le reprocha haber sobrepasado sus competencias (de manera «incomprensible y arbitraria»). Esta sentencia no reconoce el carácter vinculante de la jurisprudencia del TJUE sobre el derecho nacional (ex art. 19 TUE).

colmo de la apostasía, son ellos los que adoptan, en 2019-2020, una política de mutualización de las deudas, incluidas medidas de financiación gratuita para los países más necesitados. ¡Una óptica de fondo inédita!

Hemos asistido, por así decirlo, a una pequeña revolución, que ha suscitado puntos de vista contradictorios. Mientras que los partidarios del *federalismo* político contemplan aquí su victoria, los defensores de la Europa *confederal* justifican la reciente tendencia intergubernamental en los vacíos de la Comisión Europea, que no preveía en absoluto esta vía, extendiendo su propia toma de decisiones al comienzo de la crisis. Con todo, el avance federal será inevitablemente puesto en duda, entendido como un método contingente o *ad hoc*, no sólo porque la estrategia de los «eurobonos» no está prevista en el Tratado monetario, sino también por la amenaza cierta del retorno de las rígidas políticas de gestión de las finanzas (criterios de convergencia) que los países del Norte reclaman a gritos, impulsadas asimismo por la Comisión. Se rechaza aumentar el presupuesto europeo, que es, en realidad, la única medida capaz de abrir el camino hacia una federalización económica completa.

LAS INCÓGNITAS DE LA AMPLIACIÓN AL ESTE

Otra cuestión que separa al dúo franco-alemán alude a las condiciones de la ampliación de la UE a los países del Este, es decir, la concepción de un conjunto europeo de 36 Estados, en lugar de los veintisiete actuales. No se trata de una cuestión baladí. Es un punto de inflexión importante, porque puede perturbar las relaciones de fuerza en el seno del Consejo Europeo y en el resto de las instituciones europeas. Recuérdese que, en 2004, la extensión del territorio de la UE a veintisiete países (veintiocho en aquel momento ya que Gran Bretaña no había desertado aún) añadió, con los nuevos socios, un mayor grado de dificultad a la gobernabilidad de la UE en relación con la toma de decisiones; generó la emergencia de barajar un mecanismo que facilitara el funcionamiento del sistema. Entre las propuestas que avanzó Olaf Scholz en su discurso de Praga de 2022 destaca la *generalización del voto por mayoría cualificada*, cuyo impacto afectaría inevitablemente a las competencias soberanas de los Estados, en particular en materia de defensa y política exterior. De inmediato, la UE se convertiría en una federación, sin haber sometido ese extremo a ningún acuerdo previo.

Por otra parte, extender la mayoría cualificada a todas las materias requeriría, en primer lugar, la reforma del Tratado de Lisboa, que consigna la regla de la unanimidad; y, en Francia, la celebración de un referéndum, que resultaría, en las condiciones de la Europa real de hoy en día, algo arriesgado. Se abre, pues, como se ha señalado, el debate sobre el sistema institucional europeo.

Tampoco hay que ignorar que la adhesión de los países del Este beneficiaría esencialmente a Alemania (y quizás a Polonia), que dispone en el plano geoeconómico de una ventaja comparativa en dicho contexto gracias a su excedente comercial y a sus capacidades industriales (Eslovaquia, Eslovenia, Croacia e incluso Hungría y la República Checa se encuentran en la zona de influencia de las empresas alemanas).

Ucrania representa el gran desafío. Tras vacilaciones y confusiones, Francia tuvo que doblegarse a la presión alemana y aprobar la candidatura de Kiev.[62] Sin duda, la incorporación de Ucrania es ventajosa para Alemania: como territorio de expansión para los bienes, mercancías y capitales alemanes, su entrada en la UE permitiría reformar definitivamente a la baja la política agrícola común, que así resultaría competitiva con la agricultura ucraniana a bajo precio; sin contar con el amortiguador estratégico que este país constituiría frente a Rusia. El mismo cálculo que elaboró la Comisión Europea con Barroso.

62. Es esta una postura característica de la presidencia de Emmanuel Macron: después de haberse opuesto a la adhesión de Ucrania, una vez que esta ha sido impuesta por las circunstancias, realiza un giro de 180 grados y se vuelve más proucraniano que los ucranianos mismos, y aplica el método que consiste en querer ganar tomando la dirección de una orientación que habría combatido.

Cuarta parte

LA DEMOCRACIA EUROPEA DAÑADA

Europa, «un monumento de hermetismo, sólo conocido por especialistas».

La France par l'Europe, 1988,
JACQUES DELORS

«Quizás el misterio es un "poco demasiado" simple».

La carta robada, E. A. POE

CAPÍTULO 10

Poder tecnocrático y déficit democrático

FEDERALISMO TECNOCRÁTICO

El amplio proceso en curso esboza una Unión Europea dotada de un formato extraordinariamente singular que no puede, ni deja, pensarse con facilidad desde las categorías clásicas del derecho constitucional de los sistemas nacionales de tradición democrática. Para entender la originalidad de su estructura es necesario preguntarse por su *forma* inicial, que se remonta a los primeros años sesenta del siglo pasado. A grandes rasgos, se trazó una arquitectura estratificada, concebida para ser regida, en su base, por un *federalismo económico*, muy poderoso ya desde sus inicios debido a la *comunitarización* del mercado, de algunas políticas públicas europeas como la PAC (Política Agraria Común), Airbus o Erasmus y la moneda para los países miembros de la zona euro (desde el año 2000). El Banco Central Europeo (BCE) y el Sistema Europeo de Bancos Centrales (SEBC) representan un modelo de federalismo fuertemente apuntalado por el principio de primacía del derecho emanado de esa arquitectura sobre los ordenamientos nacionales.

Determinada por las circunstancias que la originaron, la seña de identidad de esta compleja estructura se centra en un «federalismo delegado» (no democrático) que cobra plena autonomía y funciona según la regla de un *poder normativo tecnocrático* difícilmente descifrable para los ciudadanos. El término que más se ajusta a su definición es el de «nomocracia», es decir, un poder que se impone por la creación permanente de normas.[63] Ello se traduce en el sometimiento a las normas impuestas por la administración de la Comisión de Bruselas (los tratados constitutivos y los instrumentos normativos –directivas, decisiones, reglamentos– de ellos derivados), al margen de las soberanías democráticas nacionales. Bajo esos parámetros actúan las instituciones de gobernanza comunitaria, que disponen de competencias cedidas por los Estados miembros: la Comisión y el Consejo europeos, como entidades encargadas de establecer e imponer las grandes orientaciones políticas, y el Tribunal de Justicia de la UE, fiel guardián de la singularidad de este poder, dedicado a dictar y hacer reproducir una jurisprudencia necesariamente federalista.

Dicho de otro modo, la estructura federal europea que ha ido implementándose progresivamente desde hace cuarenta años es una lógica que tiende a transformar los Estados en simples territorios de una organización supranacional que no está sujeta a *ningún* control de legalidad externo ni democrático. Ni el Parlamento, por un lado, ni el Convenio Europeo de Derechos Humanos, ni, por lo tanto, la jurisprudencia del Tribunal Europeo de Derechos Humanos, por otro, vinculan a los poderes institucionales de la UE. Esto significa que la implantación del derecho de la UE se legitima a sí misma, y por sí misma, mediante un «circuito cerrado de legitimidad».

Este «déficit democrático» europeo, tan a menudo puesto en tela de juicio, es consecuencia de una doble laguna: un federalismo político, que debería presidir el federalismo económico dominante, o, por el contrario, un sistema confederal apto para controlarlo. Sin embargo, en el seno de la UE, no hay voluntad de afrontar el debate sobre el federalismo político y el confederalismo; y es así cómo se traza pragmáticamente un federalismo institucional, por definición, no democrático.

63. Véase Alain Supiot, *La Gouvernance par les nombres*, París, Fayard, 2020.

Inevitablemente, este sistema suscita una cierta resiliencia por parte de los Estados miembros porque, pese a que son vectores de la dinámica federal-administrativa, también necesitan controlar su ritmo, debido a la relación de fuerzas entre ellos, y su contenido, so pena de debilitar una legitimidad que les proporciona su propia historia y las reglas de la democracia nacional. De ahí que, a la hora de elaborar los Tratados constitutivos de la UE, los socios reivindiquen articular su legitimidad política con el funcionalismo pragmático de las instituciones europeas. No resulta fácil. No se puede negar que el clima económico y político, nacido de la erosión de cuarenta años de federalismo administrativo, les ha arrebatado los contrapesos que hubieran permitido oponerse a la orientación global de las instituciones europeas. Frente a las ofensivas permanentes del federalismo de la UE, todos los Estados miembros adoptan, quieran o no, una postura *defensiva*, condenados, como están, a perder progresivamente pie en las arenas movedizas de la inmensa maquinaria técnico-jurídica europea. Por ello, no es un dislate afirmar que la construcción europea es, *de facto*, un pulso permanente entre los atributos de los Estados-nación y la potestad de la Comisión Europea de erosionarlos.

No se ha reparado todavía en el profundo significado de este cambio histórico. El conjunto europeo continúa discurriendo bajo un relato de legitimación en su propio nombre; puede seguir este camino plagado de conflictos e incoherencias; puede también desembocar en estrategias de desobediencias coyunturales (véase, por ejemplo, el incumplimiento de las decisiones comunitarias sobre el reparto de las cuotas de acogida de refugiados, el mercado de la electricidad o del paquete de represalias contra Rusia en el conflicto ucraniano, por parte de Hungría); y puede, finalmente, derivar en una ruptura tajante, como ha mostrado el Brexit.

EL «DEMOS» AUSENTE

Ya hemos subrayado a propósito de la identidad europea[64] que la UE no es una nación, no hay un *demos* europeo, no reposa sobre una síntesis de todos los pueblos europeos, no funda, pues, una meta-nación europea (una «nación de naciones»). En las directrices actuales, sólo es una forma política *sui generis*, hasta el punto de que impide pensar en un todo coherente, ensamblado, idóneo para convertirse en una entidad política autónoma y fuerte.

El *demos* debe ser entendido en el sentido griego de la palabra: un pueblo unido, sujeto a la ley de la mayoría, que define su arraigo en una historia común, en una o varias culturas comunes, un sentimiento de pertenencia susceptible de engendrar el sacrificio por la patria, un destino común aceptado y defendido *contra*, en tiempos de hostilidad, o *hacia los demás*, en tiempos de paz. Es también una voluntad, constantemente reafirmada, de vivir juntos. El *demos* es, por lo tanto, poder y voluntad. El modelo que prevalece desde finales de la Edad Media y los acuerdos de Westfalia se asienta en los Estados-nación, unos (España, Gran Bretaña, Francia, Países Bajos, Polonia, Rusia) mucho más antiguos que otros; su existencia como tal depende, ante todo, del respaldo de un pueblo central hegemónico en un espacio territorial delimitado, capaz de constituirse a sí mismo (mediante la adhesión o la fuerza). La historia de las guerras intereuropeas tiene su origen en este hecho fundamental: la lucha de los pueblos por la hegemonía en un espacio determinado. La Revolución francesa de 1789 fue el principal detonante de esta guerra de los pueblos; favoreció, incluso como reacción contra sí misma, el nacimiento de los nacionalismos a lo largo del siglo XIX, y algunos de ellos culminaron en imperialismos y en guerras mundiales.

La UE no puede compartir esta estructura identitaria, a la vez objetiva y subjetiva, porque no cuenta con un *demos europeo*

64. Véase *supra*, capítulo 1.

unido. Esto significa, *a priori*, un encadenamiento de ausencias: soberanía común, democracia común, identificación patriótica, «nacionalismo europeo». Pese a que no hay que descartar su aparición en la futura historia de Europa, hoy por hoy esas figuras identitarias siguen *in statu nascendi*. La UE actual es una «unión de naciones», con otras tantas identidades, historias y anhelos históricos diferentes. No hay un pueblo, sino varios pueblos europeos. El Tribunal Constitucional alemán, que se opone a las decisiones federales del Banco Central Europeo, ha recordado esta máxima, tal como ha sucedido también en Francia e Italia.

En ese punto puede plantearse otra pregunta: ¿se debe constituir una Unión Europea según el modelo clásico de la nación, o reflexionar sobre una nueva forma de pertenencia europea que incluya el modelo nacional y lo preserve a la vez?[65] Si bien es una idea sugerente a primera vista, sería insatisfactorio concebir una federación de naciones europeas conforme al modelo de Estados Unidos, porque hay una gran diferencia entre el proyecto europeo y la historia norteamericana. Esta es la consecuencia de la *guerra civil* y del sometimiento violento del Sur por el Norte (cuatro años de conflicto y más de 600.000 muertos), que reaccionó frente al propósito de secesión de los estados del Sur con el objetivo último de mantener unida constitucionalmente la nación americana de la época de los *Federalist Papers*; de ahí que los sureños fueran considerados traidores rebeldes.

Por el contrario, el proyecto europeo se emprendió para *evitar* las guerras, o las conquistas, entre las naciones europeas. Es un proceso fundamentalmente pacífico. El hecho de que Gran Bretaña haya abandonado la UE no convierte este país en traidor. En Estados Unidos, el principio federal corresponde al tropismo específico de un país de enorme envergadura en el que la

65. Conviene subrayar aquí que España es el único país de Europa que se ha embarcado en una búsqueda extremadamente original de lo que puede ser «una nación de naciones», tal como estipula su Constitución de 1978. España no es una federación ni una confederación; es un sistema *sui generis*.

heterogeneidad de las formas de desarrollo económico no se opone a los elementos nacionales comunes: lengua, historia, etnias dominantes, relación antagónica con el exterior (Inglaterra, México), cultura mesiánica-confesional común, espíritu de conquista interna, etcétera. Lo mismo ocurre con el federalismo suizo, canadiense o alemán (si bien, como se ha señalado, este fue impuesto como precio a pagar por Alemania, perdedora de la Segunda Guerra Mundial, para evitar el retorno de un Estado centralizado fuerte y homogéneo). Cada uno de estos países constituye una nación común, que es la base de un Estado-nación de colectividades federadas (*Länder*, cantones, comunidades regionales, etcétera). Su pertenencia común, hilvanada por la historia, precede a su sistema institucional. La nación condiciona, pues, la forma del Estado. De hecho, no puede hablarse de una posible federación de naciones europeas sobre la base de una comparación con sistemas federales existentes, ni con el modelo clásico de naciones en el mundo, caracterizado por el recurso de la fuerza y por un centro que domina su entorno dentro de un territorio determinado. No hay un ejemplo de nación que no se haya impuesto por la fuerza y contra un enemigo externo. La UE, en cambio, quiere imponerse por medio del derecho y la proyección de una cultura de paz. Es decir, es una unión aceptada a través de una cooperación democrática mutua y cada vez más profunda entre las naciones europeas.

La forma que reviste hoy este conjunto es propia de una federación comercial con una estructura política confederal laxa. Quizás no se puede ir más allá en esta etapa de la construcción europea, pero la indefinición del sistema institucional de la UE causa tantos problemas como resuelve. El déficit democrático europeo procede de la falta de contrapesos ante el poder tecnocrático de las instituciones comunitarias; favorece la dominación de la tecnocracia en la UE. La debilidad progresiva de los Estados-nación no se encuentra compensada, en buena lógica federal, por la única instancia que encarna la unión democrática de los pueblos: el Parlamento Europeo, desprovisto de poder soberano legislativo,[66] funciona más bien como una válvula artificial de legitimación del sistema normativo de la Comisión.

¿UNA UE *SUI GENERIS*?

Según los tratados constitutivos, la UE conforma una especie de maridaje entre el federalismo comercial y la alianza de Estados-nación en el ámbito de las relaciones interestatales. «Integración» e «intergubernamentabilidad» van de la mano, pero son dinámicas que se confrontan sin cesar. Siendo el *federalismo político* un sistema de difícil encuadre en un escenario carente de pueblo *nacional europeo* y Estado común legítimo, su plausibilidad implicaría una centralización del poder en manos de un solo Estado, cuyo crisol reposaría en la tecnoestructura de Bruselas, que se impondría a todos los Estados miembros. Nadie, en la coyuntura institucional actual, baraja esta posibilidad, pues en algunos países europeos (sin hablar de los del Este, que acaban de recobrar su independencia y no piensan abandonarla) puede auspiciar una abrupta involución nacionalista, dado que no existe conciencia colectiva que legitime este nuevo «Estado europeo».

Como alternativa hipotética, la situación actual también podría estar llamada a sustentar una *confederación*, o lo que es lo mismo, una asociación de Estados que delegarían competencias concretas (reversibles, en caso necesario), más allá del federalismo económico vigente, por la vía de una profunda reforma de los tratados. En tal caso, habría que someter la decisión a referéndums constitucionales, cuyos resultados, tras un debate público, serían, hoy en día,

66. El uso del poder de codecisión sobre el presupuesto de la UE que detenta el Parlamento Europeo es de doble filo, casi inutilizable fuera de los asuntos que atienden sólo a sus intereses propios. Sería interesante hacer un análisis desde la perspectiva de la ciencia política para entender cómo funciona la amenaza de «usar» el rechazo del presupuesto por parte de esta institución comunitaria.

inciertos, debido a la falta de legitimidad, en varios países, de la acción de la UE.

Estas consideraciones apuntan a la necesidad de abrir una reflexión sobre dos formas de soberanía claramente opuestas: una que entraña la capacidad de resiliencia de los *Estados-nación* como expresión de la democracia soberana en su territorio; otra, inversa, que conduce a la concepción y consagración de un *poder supranacional* que instrumentaliza a aquellos, en aras de una determinada idea y realidad de Europa como conjunto (la de hoy). A esta última, una suerte de gobernanza eminentemente pragmática, le resultará ventajoso seguir cavando su propio surco, porque planea en la dirección del capitalismo supranacional europeo y de las clases en formación que le acompañan. En cambio, la primera modalidad tenderá a multiplicar el número y calidad de acuerdos intergubernamentales para paliar el déficit democrático y controlar la voracidad de las fuerzas transnacionales que pretenden privatizar, en su propio beneficio, el conjunto del territorio europeo. Y no debemos olvidar que, en un contexto geopolítico incierto e inestable debido a la guerra en Europa, la maquinaria confederal, depositaria del monopolio de la defensa (de la violencia), debe apoyarse necesariamente en las naciones como sujetos aliados pero independientes.

Bajo este singular estado de cosas, todavía se puede argumentar una salida alternativa que tenga en cuenta la realidad actual: se podría pensar, en efecto, en articular una estructura *sui generis* con la virtud de fundar gradualmente identidades que conduzcan a una unión reforzada de las naciones. El proceso de construcción debe ser democrático, y progresivo, si los pueblos que entran a formar parte del mismo, atendiendo los múltiples niveles de conciencia, desean avanzar juntos; o posiblemente regresivo si ya no desean continuar (como ocurrió con el Brexit). Sea como fuere, cualquier intento de implantar un Estado posnacional a espaldas de los pueblos podría conllevar terribles efectos *boomerang*, que harían perder un tiempo precioso para la necesaria unidad europea. Una Unión *sui generis* erigida sobre la base de un federalismo democratizado de las instituciones europeas (acercándolas a las democracias nacionales y a la participación ciudadana a través de referéndums), y fundada en prácticas intergubernamentales dispuestas a aplicar el principio de subsidiariedad, permitiría a las naciones europeas diseñar pragmática y democráticamente su futuro común. Desde este punto de partida, el papel del Parlamento Europeo puede ser clave para conformar una soberanía europea como tal. Los medios –la democracia– harán posible la Europa política como fin en sí misma.

CAPÍTULO 11

Élites y grupos de interés multinacionales

Más allá del papel del derecho en la configuración de la legitimidad de la UE, asoma la cuestión, siempre incómoda y espinosa, de desentrañar las fuerzas que *realmente* dirigen Europa. Y es aquí donde irrumpe oportunamente la noción de élite, que es como desplegar un libro lleno de secretos. Su polisemia envuelve, más que define, su contenido; lleva consigo, congénitamente, una connotación negativa en el imaginario democrático («elitismo») que lo condena *a priori* como ejercicio de desposesión del poder legítimo y de arrogancia dirigente. Cierto es que Vilfredo Pareto y Gaetano Mosca barajaban un sentido positivo de este término que les permitía, además, prescindir de la teoría predominante sobre las clases sociales, mientras que Robert Michels, a principios del siglo XX, lo utilizó como sinónimo de «oligarquía partidista»; en esa línea, al analizar las élites de poder en Estados Unidos, C. Wright Mills atribuyó a este concepto un estatuto más riguroso.[67] En cualquier caso, con esta categoría, vaga y controvertida, no deja de designarse a ciertos grupos dirigentes a menudo exentos de todo control.

67. Mills presenta un buen resumen del problema en su clásico: *The Power Elite*, 1956.

ACERCAMIENTO A LAS ÉLITES DE PODER EN EUROPA

Aplicada al contexto de la UE, ¿qué puede significar la noción «élites europeas»? Como respuesta fáctica, conocida por los analistas de las instituciones comunitarias, esta engloba a todos los actores que contribuyen, de un modo u otro, a la dirección y reproducción del poder institucional y económico europeo. Pero no sólo el funcionariado de la UE mantiene activo el pulmón de esta inmensa maquinaria al más puro estilo del film *Metrópolis* de Fritz Lang, sino también el de los Estados-nación, que, sin ser herramientas especializadas del ensamblaje europeo, son plataformas que la propia UE pretenderá dominar o bien marginar, si se muestran recalcitrantes.

Hay otra óptica de fondo que es preciso tener en cuenta, la que nos acerca a la relación entre las «élites» técnico-administrativas y los grupos de interés no institucionales que operan en torno a los centros de decisión con el objetivo de configurar la orientación de las políticas de la UE según sus propios intereses. En 2017, Olivier Costa y Nathalie Brack[68] elaboraron una clasificación de la distribución del poder entre los grupos de presión en siete puntos de distinto calado: a) las *federaciones europeas*, conocidas como «eurogrupos», que comprenden unas quinientas representaciones de empresas, sindicatos y asociaciones, con importantes recursos financieros e instalaciones «visibles» en Bruselas; b) cerca de 250 *grandes firmas*, tanto europeas como extranjeras; c) varios miles de *lobbies profesionales* que trabajan en los ámbitos de la auditoría o la consultoría de los sectores empresariales y legales, etcétera; d) las *regiones y los entes locales*, en tanto que actores «de infraestructura», que son muy activos en la defensa de sus intereses y la obtención de recursos; e) los *agentes diplomáticos de países no pertenecientes a*

68. Véase Olivier Costa y Nathalie Brack, *Le fonctionnement de l'Union européenne*, 3.ª ed., Bruselas, Éditions de L'Université Libre de Bruxelles, 2017, pp. 287-294.

la Unión, que, pese a su estatuto diplomático, operan como grupos de interés (piénsese, por ejemplo, en la Cámara de Comercio estadounidense, a propósito de la posible adopción de un tratado comercial euroatlántico, finalmente abortado, basado en la regulación jurídica norteamericana); f) los *Estados*, que también protegen sus intereses del mismo modo que los grupos privados (¡esta es la paradoja de una Unión que pretende ser independiente de los Estados!); g) por último, la «*sociedad civil*», que aquí integra los movimientos asociativos cuya financiación no es comparable con los flujos macroeconómicos gestionados a escala europea, pero cuyo papel es particularmente cotizado por las élites técnico-administrativas de Bruselas en la medida en que les permite seguir el pulso de la sociedad europea y extraer de ella dosis de legitimación para la toma de decisiones estratégicas.

Cualquiera que sea el formato que adquieran, todos estos representantes de intereses «componen una élite "europea" que vigila y comprende las actividades de la Unión, y participa en una amplia gama de acciones de presión»;[69] el número global de *lobbies*, teniendo en cuenta las diferencias entre ellos, asciende actualmente a más de 5.000, que «emplean a unas 30.000 personas», siendo 31.000 los empleados de la Comisión Europea. Estos datos convierten a Bruselas –añaden los citados autores– en «la segunda ciudad del mundo, después de Washington, en número de grupos de presión».[70] Y la cantidad de *lobbies* no deja de crecer, lo que favorece el auge paralelo de un sistema de corrupción organizada.

69. *Ibid.*, p. 291.

70. *Ibid.*, p. 292. Otra actividad corriente, aunque no generalizable, subrayada también por estos dos autores es la de las «puertas giratorias» (*revolving doors*), es decir, funcionarios que, después de haber servido en los mecanismos decisorios de la UE, acaban en el sector privado con sus agendas de influencia, información y libretas de direcciones adquiridas durante el desempeño de sus funciones públicas. El caso más emblemático de «puerta giratoria» es el de Durão Barroso, que pasó directamente del estatuto de presidente de la Comisión Europea entre 2004 y 2014 al de consejero privilegiado del banco estadounidense Goldman Sachs en 2016.

Lamentablemente, el programa de trabajo de 2024 de la Comisión Europea silencia toda medida para atajar estas prácticas.

No obstante, todos estos grupos de interés ponen de manifiesto, en el seno de la UE, la *punta del iceberg* de un sistema de raíces profundas y estratificadas. Desde la sola perspectiva de la estructura técnico-administrativa, pueden concebirse como cuadros comparables al *funcionariado* de los Estados-nación. Y si bien es cierto que la responsabilidad de las decisiones estratégicas de la UE está en manos de las altas esferas de la Comisión y el Consejo, el *funcionariado europeo* comparte igualmente el poder, en tanto en cuanto su labor es la de plasmar las decisiones y ejecutarlas en condiciones de máxima eficacia. Téngase en cuenta que este funcionariado, sin perjuicio de sus intereses materiales, actúa impulsado por el motor de un *europeísmo*[71] genuino, que trabaja para la gran causa de la construcción de una Europa posnacional, en su fórmula de crisol del derecho, la paz y el bien[72]. A cambio, disfruta de un estatus social más privilegiado que el del funcionariado nacional –en materia de salario, seguros laborales y ventajas de todo tipo (transporte, viajes, garantías de inmunidad, etcétera)– y, sobre todo, maneja información sobre el sistema europeo, que es subestimada por los observadores, dado que no se perciben sus efectos inmediatos.

Ahora bien, esta primera aproximación no impide la necesidad de separar los distintos estatutos que definen, en gran medida, la relación funcionarial con la institución. Desde este punto de vista, puede afirmarse que las élites funcionariales de los niveles inferiores e intermedios de la estructura de la UE son propulsores ideológicos de *reproducción* del sistema, mientras que la de alto nivel, que concierne a la elaboración estratégica de las políticas de la UE (Comisión, direcciones generales, «embajadores» comerciales, etcétera), encarna la figura del intelectual *orgánico* (en el sentido de Antonio

71. Véase, *supra*, la primera parte: «Hacia una identidad europea».

72. Es evidente que se trata de una definición global, en el sentido del *ideal típico* de Max Weber, sabiendo que, en la realidad, existen diferencias importantes en el grado de adhesión a esta ideología estructural.

Gramsci) porque aporta conocimientos y competencias técnicas y políticas esenciales para el funcionamiento de la Unión.[73] Estos funcionarios desempeñan una misión «sagrada», que ha sido concebida de forma muy precisa: promover y aplicar sistemáticamente *el proceso de integración* de las políticas europeas, imponiéndolo, si es necesario, a los agentes nacionales de los Estados. Su principal enemigo es la cooperación intergubernamental. De nuevo otra fuente, no menor, del déficit democrático europeo.

RED DE INTERESES

Estos funcionarios de élite están, sin embargo, al servicio de una red sumergida de intereses que dirige la UE, y que es, por definición, plural. En primer lugar, los que detentan el poder de decisión dentro de la estructura institucional: el Consejo Europeo de jefes de Estado, la Comisión Europea, el Parlamento Europeo (cuya función es, principalmente a su pesar, ser una tapadera de legitimación, ya que no ostenta, de forma autónoma, el poder de producción del derecho de la UE), el Banco Central Europeo y el Tribunal de Justicia de la Unión, que catapulta el derecho creado desde dichas instituciones. Y las decenas de órganos, paraórganos y subórganos que corroboran este sistema, lo integran y consolidan.[74]

73. Desde el punto de vista sociológico, se podría utilizar también la noción de *tecnoestructura*, pero no en el sentido rígido de Galbraith (véase *Le nouvel État industriel*, 1967), que sostiene que esta concierne a todos los agentes que deciden en las grandes empresas. La UE establece, sobre todo, estatutos jerárquicos en los que, en el fondo, sólo los dirigentes superiores participan en las decisiones estratégicas, pero sabiendo que, en cualquier caso, la fuente de orientación procede de estructuras *externas* a esta gran empresa tecno-administrativa.

74. Véase Olivier Costa y Nathalie Brack, *Le fonctionnement de l'Union européenne, op. cit.*, que proponen, en este interesante libro, una síntesis analítica muy precisa de las instituciones de la UE y del significado, en la teoría institucional, de esta forma original que es la UE.

Las decisiones procedentes de todos estos órganos no se toman por mayoría de forma democrática, sino a través de un complejísimo juego-entramado de poderes, influencias, relaciones de fuerza, respaldo de fuerzas externas y gestión de la relación en función del peso de los Estados miembros y la dinámica de las políticas económicas de la UE. Asimismo, conviene mencionar aquí otro elemento fundamental en el proceso de toma de decisiones: el secreto. Como hemos visto anteriormente, todas las negociaciones llamadas a abordar decisiones importantes, que a menudo implican a los Estados, están rodeadas del máximo secreto, se llevan a cabo sin transparencia, e incluso sin la transmisión de la información esencial que concierne a los intereses nacionales de los Estados. Este fue el caso de las negociaciones relacionadas con la adopción del Tratado Euroatlántico (finalmente no acordado) y llevadas a cabo por la Comisión Europea a mediados de la década de 2010, que condujeron a un aplazamiento solicitado por representantes de varios Estados y numerosos eurodiputados, por no haber recibido ninguna información por parte de los servicios europeos competentes.

Los Estados miembros son los que, en el seno del Consejo Europeo, deben determinar las grandes orientaciones estratégicas de las políticas de la Unión; y, sin embargo, estas vienen condicionadas, a su vez, por las formas y el grado de integración de cada país en el campo económico europeo y por las fuerzas nacionales y transnacionales que las sobredeterminan. En definitiva, las instituciones comunitarias pretenden encarnar el «interés general europeo», pero sin que este sea debatido con los ciudadanos; ni siquiera se expresa a través de los órganos de la llamada sociedad «civil», creados como interlocutores por la Comisión y el Parlamento europeos.

La noción de «sociedad civil» es más un juego de palabras, en la que todo cabe sin importar el contenido. Por lo tanto, merece una reflexión antes de utilizarla. La visión más ingenua la relaciona con los movimientos asociativos y, formalmente, con grupos no investidos de potestad pública. Pero la realidad es más angulosa. Para una definición más precisa es necesario remontarse a la fórmula de

Hegel, que contraponía la *bürgerliche Gesellschaft* al Estado:[75] la *sociedad civil*, en este sentido, representa el mundo de los intereses privados, de su lucha y de su oposición irreductible. En una estructura tan extraordinariamente compleja como la UE, esta categoría integra entidades de diversa índole, desde las ONG, las regiones (en tanto estructuras *infraestatales*), asociaciones y agencias acreditadas ante las instituciones comunitarias, hasta los cientos de *lobbies* privados existentes dentro del centro neurálgico de la toma de decisiones. Es evidente que no todas estas fuerzas pueden desplegar el mismo impacto o grado de condicionamiento en la elaboración de la estrategia de la UE, cada una de ellas actúa como grupo de interés, con capacidad para influir en ella.

Pero si hay un grupo de presión por excelencia, este lo encarnan las entidades financieras y las empresas transnacionales, a saber, las grandes industrias de todo tipo y los tenedores del capital financiero internacional y europeo: ellos son los interlocutores privilegiados de la más alta esfera de la tecnocracia de la Unión y de los Estados. Las *oligarquías económicas y financieras* europeas y mundiales saben cómo influir –y además sistemáticamente– sobre los órganos decisorios de la UE, aunque estos no sean servidores ni mudos ejecutores.

¿ES POSIBLE TRAZAR UNA SOCIOLOGÍA DE LAS FUERZAS QUE DIRIGEN LA UE?

Para contestar a este interrogante es preciso reflexionar, aunque sólo sea de forma aproximada, sobre el significado histórico, social y económico del gran movimiento que alumbró la construcción europea hace más de cuarenta años. La hipótesis más probable apunta sobre la propia dinámica (empírica y tecno-administrativa) de la UE, que hizo posible la aparición de *grupos económicos pos-*

75. Véase G. W. *Hegel, Principios de la filosofía del Derecho*, Barcelona, Edhasa, 2005.

nacionales dominantes que, sin ser formalmente dirigentes, desempeñaron un esencial papel impulsor de un capitalismo en proceso de integración a escala europea.[76] Estas entidades, paralelas a los «grupos de interés» de Max Weber, negocian su estatus en el seno de intrincadas relaciones que establecen con los distintos centros de poder europeos: institucionales, económicos, jurídicos y fuerzas políticas. Con todo, más allá de esas complejas redes, lo que realmente privilegia el juego de estos «grupos de interés», de esta supranacionalidad de clase, es el eje de un sistema de normas común que condiciona el derecho de los Estados-nación (recordemos la práctica del *spoils system* de la Comisión), un sistema legitimado, a su vez, por el poder jurisdiccional del TJUE.[77]

Esta es la cuestión esencial y más llamativa sobre la que convendría reflexionar. Porque, en el corazón del proyecto unionista e integracionista europeo, son estas fuerzas económicas las que canalizan los intereses de las grandes compañías transnacionales, de los bancos, de los círculos empresariales, de los *lobbies* y el capitalismo financiero nacional, tanto en el ámbito europeo como en el internacional. Su ideología es «europeísta» (no necesariamente identitaria), que aquí significa, ante todo, ser vehículo de expresión de intereses económicos que se materializan en el espacio de la UE. El capitalismo posnacional europeo opera, pues, como una tela de araña, es decir, crea sólidas relaciones y redes de

76. Es muy útil analizar, desde esta perspectiva, los dos informes elaborados en 2024, a petición de la Comisión, por Mario Draghi y Enrico Letta; ambos comparten la característica de querer racionalizar las actividades del capitalismo europeo, por lo tanto, animarlo a organizarse a escala europea y no según los arraigos nacionales. El informe de Letta es un claro llamamiento a la formación de una clase europea de capitalistas no ya vinculados a sus países de origen, sino *unificados* por su pertenencia a Europa, así como por las libertades fundamentales del mercado único (libre circulación de mercancías y capitales). Véase *infra,* en el epílogo de este libro, la valoración y los límites del informe de Mario Draghi.

77. Véase el análisis de Alain Supiot sobre el poder normativo europeo, *La Gouvernance par les nombres*, París, Fayard, 2020.

poder en su beneficio. El clima político le ha sido particularmente propicio; como ya se ha subrayado, desde principios de los ochenta, los Estados-nación, principalmente bajo la influencia de Francia y Alemania, fueron tejiendo la orientación neoliberal normativa que hoy en día conocemos (¡es la «inestimable contribución» de Jacques Delors!). Y el sistema mediático europeo, sin ser totalmente homogéneo ni, menos aún, acrítico, está condicionado por esta dinámica posnacional, seguramente porque suele depender de los grandes grupos financieros nacionales y europeos.

La base social sobre la que descansa este entramado histórico viene definida por los sectores más internacionalizados de las burguesías nacionales y amplios segmentos de las capas medias y medias altas de la sociedad. La adhesión de las direcciones burocráticas de partidos políticos y sindicatos a este proyecto es, además, patente,[78] sobre todo los sindicatos vinculados a los partidos hegemónicos que dirigen políticamente todo el proceso. En su estado actual, podemos conjeturar la estructura del poder real europeo:[79] sin asumir posiciones de dirección, los «grupos de interés» supranacionales están condicionando las grandes orientaciones de las políticas generales que las «élites» tecno-administrativas llevan a cabo.

78. Hay que recordar el apoyo unánime (o casi) de los sindicatos representados a nivel europeo a la Constitución Europea de 2005. El secretario general de la CGT francesa declaró entonces que votaría a favor de este texto en nombre de la Europa que hay que construir (que constitucionaliza el neoliberalismo y ataca frontalmente los derechos de los trabajadores) pero que respetaría la libertad de voto de los afiliados. No en vano este sindicato, como la mayoría, recibía subvenciones no desdeñables de la UE.

79. Sólo determinados análisis sociológicos, que no se pueden desarrollar aquí, sobre las formaciones socioeconómicas a escala europea podrían fundamentar esta hipótesis.

Quinta parte

CUANDO VUELVEN LOS PELIGROS

CAPÍTULO 12

El terremoto de las identidades

ESTRUCTURAS SOCIALES TRASTORNADAS

La globalización, bajo la óptica del neoliberalismo, ha golpeado en profundidad las grandes estructuras de gobernabilidad de las sociedades europeas. Después de la Segunda Guerra Mundial y hasta los años noventa, el Estado de bienestar introdujo una novedad cualitativa en la relación capital-trabajo, en la medida en que había proporcionado legitimidad a los intereses de las clases populares, los había nacionalizado, es decir, integrado totalmente en la nación, especialmente las clases obreras y medias bajas. Eso supuso una verdadera revolución sistémica en la historia del capitalismo occidental: por primera vez, los países europeos desarrollados experimentaron un progreso social y económico durante más de treinta años (1948-1980), la expansión industrial, el pleno empleo, la seguridad social para todos, políticas educativas, de vivienda y servicios públicos de calidad, etcétera. En definitiva, un amargo contraste si tomamos como referencia la recesión estructural y la privatización global del vínculo social que han traído los vientos de la política neoliberal europea. Después de una época de gran integración social, Europa ha sufrido una gran regresión social.

En efecto, es importante entender lo que lograron las clases medias y populares en el marco del Estado de bienestar: su integración política en la nación con el reconocimiento de la legitimidad de sus derechos sociales. Este concepto de integración nacionalpopular es un elemento clave para comprender el significado profundo del auge del que gozan hoy en día los movimientos populistas de derechas y de izquierdas.

Sin duda, aquellas conquistas son consecuencia de luchas que comenzaron mucho antes de la época del Estado de bienestar: a partir del siglo XIX, arraigan en la historia del capitalismo europeo. El siglo XX, hasta la Segunda Guerra Mundial, vivió duras y prolongadas luchas de clases que pergeñaron, con la Revolución rusa, un telón de fondo en las batallas frente al fascismo, no sólo en Italia y Alemania, sino en todos los países europeos, incluso en el Este de Europa. La socialdemocracia compartía entonces con la derecha el rechazo del comunismo soviético, luchaba a favor de la integración nacional de las clases populares para eludir la revolución socialista preconizada por los partidos comunistas europeos.

Sea como fuere, la piedra angular consiste en entender que la conquista de los derechos sociales de las clases populares se halla estructuralmente vinculada a la pertenencia a la nación. Hasta tal punto que se puede afirmar que el hito histórico fundamental desde finales del siglo XIX hasta el periodo posterior a la Segunda Guerra Mundial ha sido *la nacionalización de las clases populares europeas*. Y eso ha constituido, a la vez, un arma de guerra entre las clases dirigentes europeas (basta con recordar, por ejemplo, la actitud bélica de los proletariados alemán y francés durante la Primera Guerra Mundial) y, para las clases populares, la conquista de una identidad nacional propia que les garantizaba una legitimidad social en el sistema nacional-estatal. Así, en Francia, durante la Segunda Guerra Mundial, el Partido Comunista se alió a la resistencia con el general De Gaulle en nombre no del socialismo, sino del nacionalismo republicano. El programa del Consejo Nacional de la Resistencia, divulgado en 1944 por todas las fuerzas de la resistencia antifascista y avalado por De Gaulle, fundó la nueva IV República y el Estado socialdemocrático de bienestar francés proclamado en los años cincuenta.

En sentido contrario, la globalización neoliberal de finales de los años setenta del pasado siglo XX desencadenó transformaciones profundas en el cuerpo de las naciones. Desestructuró el Estado-nación y apartó a las clases dirigentes –ahora orientadas hacia un mercado europeo mucho más abierto para sus intereses– de las clases populares, arrinconadas en un espacio nacional restringido y amenazado por la competencia de territorios, donde la mano de obra era de bajo coste y más maleable socialmente. Desde el siglo XIX, en el capitalismo occidental, que había generado la internacionalización de la economía, los Estados organizaban y controlaban las reglas del juego en el mercado interior, es decir, gestionaban los conflictos de intereses entre los grupos sociales. Con el auge del neoliberalismo, los Estados, dentro de determinados márgenes que dependen de las relaciones de fuerza entre capital y trabajo en el respectivo territorio, actúan con el objetivo de favorecer la integración en el sistema mundial, tomando siempre en cuenta las estrategias de las empresas transnacionales –la deslocalización de los capitales–, las cuales están respaldadas, a su vez, por organizaciones supranacionales con capacidad para intervenir en las políticas nacionales. Así, desde la adopción en Europa del Tratado de Maastricht, es la Dirección General de Competencia de la Comisión Europea la que detenta la batuta y vigila estrictamente la acción de los Estados en todo lo que concierne al tejido productivo europeo.

Asimismo, la transformación del sistema productivo y el declive del Estado de bienestar han provocado trastornos identitarios en todos los estratos sociales, particularmente en las clases populares. Es otra gran transformación de largo alcance.

UN PROLETARIADO COSMOPOLITA

Como se ha señalado, tras la Segunda Guerra Mundial, en los países europeos (sobre todo en Alemania, Francia y Gran Bretaña), la identidad nacional era sinónimo de acervos socialnacionales derivados de luchas incesantes por parte de los movimientos populares. La sociedad formaba un sistema coherente en el que las diversas pertenencias (nacionales, sociales, culturales, etcétera) disponían de una sólida cohesión, un universo estable que podía además proyectarse hacia un futuro anhelado. La irrupción del neoliberalismo internacionalizado ha resquebrajado las hechuras de este sistema. Las sociedades modernas europeas se recomponen hoy en torno a un sistema social y productivo diferente.

Una de las consecuencias más impactantes ha sido la desintegración sociológica de las clases obreras, del conocido proletariado, debido a un doble factor. Por un lado, la desaparición parcial del tejido industrial europeo, como resultado del proceso de deslocalización, desde los años noventa, de las estructuras productivas hacia los países con mano de obra de bajo coste. Las clases populares han perdido su homogeneidad, la estructura económico-social es ahora una estructura de servicios. Por otro lado, la formación de nuevas clases populares, principalmente derivadas de los desplazamientos de fuerzas de trabajo populares y de clases medias procedentes de los países del capitalismo periférico (el viejo Tercer Mundo). En Europa emerge, lenta pero ineluctablemente, un nuevo *proletariado cosmopolita*, oriundo esencialmente de África (blanca y negra), de Asia y también, aunque su estatuto social sea distinto, de los países del Este.

Aquel viejo proletariado, que había sido integrado en la nación junto con el Estado del bienestar, se encuentra hoy, en el nuevo escenario, disgregado, debilitado, defenestrado hacia los márgenes sociales. Y el nuevo proletariado no puede compartir tampoco el acervo integrador del viejo. En términos históricos, el neoliberalismo mundial inaugura, por lo tanto, un periodo de profundas desestabilizaciones y trastornos de identidades sociales, nacionales y culturales. Debido a la falta de capital social y cultural, son precisamente las clases populares las que ofrecen menos resiliencia a la hora de afrontar las transformaciones implicadas por esa mundialización.

La llegada de nuevos trabajadores, debido a la inmigración, es considerada, a los ojos de las clases populares tradicionales, como un vendaval humano, una fuerza de trabajo que compite en sueldo y otras condiciones laborales esenciales, y socava la base social dentro del conjunto de la sociedad. Esa visión de la competitividad es también espacial, pues el nuevo proletariado se instala en los barrios deprimidos. El proletariado endógeno se percibe[80] deslegitimado, despojado de su identidad en la nación, tiende a replegarse sobre sí mismo, y eso es precisamente lo que la extrema derecha nacionalista manipula con gran destreza. La desaparición de los partidos comunistas tradicionalmente integradores de los trabajadores extranjeros desde la solidaridad social de clase (en Italia y Francia, sobre todo) dejó, a partir de los años ochenta, un espacio vacío que ahora ocupa el nacionalpopulismo (Francia e Italia son pioneras en este campo), que hace de la retórica *defensiva* de la identidad nacional el principal propulsor de movilización política. Sin duda, el nacionalpopulismo debe considerarse también un símbolo de protesta social pervertida, degenerada en un odio xenófobo y racista, que manifiesta así su repulsa de sectores importantes de las clases populares ante el peligro de la competitividad social, el temor a perder sus señas de identidad en un mundo cada vez más incierto e inseguro cultural y socialmente.

PÉRDIDA DE REFERENCIAS, BÚSQUEDA DE NUEVAS AFILIACIONES

La globalización neoliberal es, en definitiva, una metamorfosis sistémica y a la vez revolucionaria, pues integra, por primera vez

80. Son, efectivamente, «sentimientos» y no concepción racional de la lectura que estas clases pueden hacer de su vida diaria. Ernst Bloch, en su gran libro de 1935 sobre el auge del nazismo en Alemania titulado *Herencia de esta época*, recalcó el peso de estos «sentimientos de frustración» que los nazis supieron utilizar para conquistar el poder. Su concepto de «no contemporaneidad» es un elemento clave para entender lo que pasa en la conciencia colectiva en épocas de trastornos económicos y culturales profundos. Recuerdo también que Talcott Parsons, fundador de la sociología sistémica americana, propone un análisis interesante y original sobre el mismo problema en *Essays in Sociological Theory* (1954), especialmente en el capítulo «Some Sociological Aspects of the Fascist Movements».

en la historia, a todas las comunidades humanas en el conjunto del mismo sistema económico mundial; y es también regresiva, en la medida en que genera, paradójicamente, el repliegue cultural y el cuestionamiento sobre la identidad propia de cada nación, sociedad, grupo social e individuo. No es casualidad que Samuel Huntington titulara su último libro, dedicado al rechazo de la inmigración «hispánica» en EE.UU., *Who are we*? (¿Quiénes somos?), pues la mundialización no es sólo de la economía sino también de las poblaciones, de las culturas y las identidades. Y cuando la identidad se convierte en tema del conflicto político, como apunta sutilmente el politólogo y economista norteamericano Albert Hirschman,[81] resolver los problemas que plantea es casi imposible a corto y medio plazo. Porque no se trata de una cuestión traducible en términos de recursos económicos, sino que es cualitativa, necesita una respuesta de identidad. Acorde con esta idea, el lema del nacionalpopulismo xenófobo –el ciudadano de «origen», primero; los demás, después, o bien que se vayan– gana fuerza en este periodo de trastornos de identidades. Subestimarla sería una estrategia fallida, especialmente desde las fuerzas ilustradas de la izquierda. No entender los motivos profundos del repliegue de identidad en las clases populares es aceptar abandonarlas en manos de las fuerzas políticas del odio y de la exclusión. Por lo tanto, hay que abordar el problema en términos de estrategia cultural y política: ¿cómo transformar este repliegue en consciencia política dirigida contra las condiciones económicas que sustancialmente lo han favorecido? ¿Cómo sustituir la solidaridad entre los oprimidos frente a aquellos que fomentan las condiciones de la opresión y la división? ¿Quién tiene legitimidad para acceder al mercado de trabajo, a los recursos habitacionales, educativos, sanitarios, etcétera? El nacionalpopulismo prospera en el crisol de estos interrogantes. Y señala a las élites dirigentes, vinculadas a la mundialización y

81. Albert O. Hirschman, *A Propensity to Self-Subversion*, Cambridge (Mass.), Harvard University Press, 1998, en especial el capítulo XX: «De los conflictos sociales como pilares de la sociedad democrática de mercado».

el debilitamiento del Estado protector, en tanto que traidoras de los intereses de la nación.

Es una paradoja sombría que este nacionalpopulismo, de calado posfascista, se haya desarrollado sobre todo en los dos países, Francia e Italia, que albergaron los dos partidos comunistas más solventes del mundo occidental. Ello se explica, fundamentalmente, por el cariz nacional-social de la base sociológica de dichas fuerzas políticas. Las clases populares apoyaban a los partidos de izquierda cuando estos encarnaban para ellas una alternativa emancipadora de futuro; ahora que la esperanza se ha desvanecido, una parte importante de dichas clases se repliega sobre la defensa regresiva de la identidad nacional ante la transformación cosmopolita del mercado de trabajo. Y la desaparición de una alternativa solidaria y progresista como seña de identidad de las fuerzas de izquierda ha abierto el camino a la hegemonía de la extrema derecha, que ha hecho de la identidad nacional de origen la referencia del rechazo ante el nuevo proletariado cosmopolita.

La cuestión de fondo sigue siendo la utilización por parte del nacionalpopulismo de las temáticas de identidades como impulsoras de las movilizaciones en detrimento de las identidades sociales. O, mejor dicho, diluir la defensa de los intereses sociales y universales en aras de unas señas de identidad que sólo dividen y enfrentan. Apoderarse de la identidad implica anclarse en la particularidad, en la especificidad, mientras que el foco en los intereses sociales favorecería la universalidad, los valores comunes más allá de las características individuales. En este sentido, si la globalización neoliberal contemporánea genera la desagregación de la nación y del Estado de bienestar, el nacionalpopulismo xenófobo abunda paradójicamente en sus efectos destructores. La xenofobia y el racismo se convierten en una variable de la reestructuración del vínculo social, un tópico en las luchas políticas y un poderoso obstáculo en la formación contemporánea de la solidaridad colectiva entre las clases populares. El neoliberalismo imperante no puede detener esa corriente, precisamente porque es consecuencia de las políticas económicas y sociales en Europa. Es el abandono del Estado de bienestar, la destrucción de sus mecanismos de integración social colectiva, la ausencia de un modelo social europeo emancipador, lo que se encuentra detrás de la reacción nacionalpopulista en Europa. Cuatro décadas de desapego de los anhelos de las clases populares por parte de los grupos dirigentes han alimentado la crisis de legitimidad y confianza en el proyecto europeo. El nacionalpopulismo es un síntoma de esa crisis, no su causa.

CAPÍTULO 13

Las desigualdades banalizan la xenofobia

No deja de resultar sorprendente que, desde finales de la Segunda Guerra Mundial, sea la primera vez que partidos manifiestamente xenófobos vuelvan a desempeñar un papel tan importante en el tablero político europeo, y proclamen de forma clara la desigualdad sustancial, en todos los ámbitos de la vida, entre los ciudadanos de «origen» y los demás. El tabú que los prohibía en la Europa occidental saltó por los aires en los años ochenta, debido a la degradación social y cultural que provocó la entrada generalizada de los diversos grupos de la sociedad en la semántica de la competitividad. El neoliberalismo, como marca de fábrica, instaura un vínculo social estructuralmente basado en la competencia de todos contra todos, tanto a escala nacional como mundial.

EL RACISMO SISTÉMICO EN ACECHO

No es difícil comprobar las profundas huellas que han dejado las dos principales enfermedades identitarias de las sociedades occidentales en el siglo XX –fascismo y racismo–, pese a su rechazo tras los desastres del pasado, y cómo a día de hoy siguen condicionando las conciencias en sectores importantes de la población. Sea con la adhesión meramente formal al credo pluralista democrático o bien ocultando su odio dentro de una retórica de defensa frente a la «invasión extranjera» que omite la palabra «raza», los partidos de extrema derecha han conseguido penetrar en las instituciones políticas democráticas hasta llegar, hoy, a participar en coaliciones de gobierno (Austria, Dinamarca, Italia, Suecia, etcétera.) Y no es menos inquietante saber que disfrutan de un estatuto de legalidad democrática sin haber renunciado, de manera alguna, a sus señas ideológicas profundas.

No se trata solo de Europa sino de una oleada histórica que ensalza el odio por todo el planeta. Y es innegable que se funda sobre los trastornos culturales provocados por el cambio de paradigma socioeconómico implantado por la mundialización neoliberal. La India de Narendra Modi, que será el país más poblado del mundo (superará a China dentro de veinte años), está gobernada por un régimen de extrema derecha que hunde sus raíces ideológicas en una suerte de imitación del fascismo de Mussolini. Israel, las monarquías feudales árabes, no se distancian del semblante fundamentalista que hoy ocupa el poder. El «trumpismo» en EE.UU., el «bolsonarismo» de ayer en Brasil, el «mileirismo» argentino, y otros ejemplos, atestiguan esa Gran Regresión cultural, por no hablar del auge, en prácticamente todos los países musulmanes, del integrismo, una nueva versión de fascismo religioso. Una era de enfrentamientos de identidades y culturas se ha apoderado del mundo sin que se pueda prever cómo y dónde va a desembocar y cuánto tiempo va a tardar en hacerlo. Parece que el nuevo lema de la humanidad es aquel enunciado del filósofo inglés F. H. Bradley: «*Where everything is bad, it must be good to know the worst*» («Donde todo es malo, puede que sea bueno experimentar lo peor»).

En Europa, la banalización del racismo, o de sus derivados semánticos que reemplazan la palabra *raza* por un proceso de exclusión y de estigmatización de las personas, confronta al Estado democrático de derecho a un desafío histórico. Los nuevos ejemplos de *apartheid* urbano aplicados explícitamente en Dinamarca y sus semejantes en Suecia, separando a los extranjeros de los ciudadanos nacionales en la distribución territorial de las ciudades, se fundan, sin ambages, sobre las diferencias sociales y culturales que caracterizan a las migraciones contemporáneas. Este proceso afecta al conjunto del cuerpo social. A pesar de no ser nunca enunciado como tal, el racismo se vuelve sistémico, se manifiesta envuelto en una retórica del respeto a la diferencia que aprovecha la tendencia de preservar la identidad propia de cada grupo social, separándolos. El racismo se ha filtrado en todas las estructuras institucionales y configura la mirada sobre los extranjeros e inmigrantes, al mismo tiempo que impulsa leyes particularmente represivas en los países donde impera la alianza entre las fuerzas conservadoras y los partidos de extrema derecha. Una situación inédita en Europa desde el fin de la Segunda Guerra Mundial, en la que la derecha conservadora poco a poco ha ido cortando sus vínculos con la tradición republicana de igualdad y ha optado por la alianza con las fuerzas xenófobas para alcanzar o mantenerse en el poder. Olvida que la «opinión pública» prefiere el original a la copia.

Esa tendencia histórica es tan irresponsable como catastrófica, pues la evolución de todas las sociedades humanas, y en particular de las más desarrolladas, atrae inevitablemente a las fuerzas laborales mundiales. Se trata de una atracción universal –legítima, además, desde el innato deseo humano de emancipación– que desemboca en un mestizaje humano profundamente enriquecedor. El sueño de una sociedad étnicamente homogénea o culturalmente pura es vano; hoy en día la ceguera ante esta realidad se traduce en un infinito sufrimiento para la humanidad itinerante en su búsqueda de mejores condiciones de vida. Sería, desde luego, un error desatender la paradoja que va unida a los impactos de la mundialización neoliberal: genera conflictos de identidades y, al mismo tiempo, crea sociedades nuevas cuyo tejido étnico y cultural está experimentando profundos cambios. Por primera vez en la historia, y de manera significativa, la cohabitación de africanos y asiáticos marca una nueva identidad en la Europa en formación. Son poblaciones desplazadas por los procesos de globalización económica, que se deben tanto al exponencial crecimiento de la miseria en los países de origen, al auge de las desigualdades Norte-Sur-Este, como, sin duda, a la necesidad de importar mano de obra barata. La composición étnica y cultural de las grandes metrópolis europeas ha cambiado irrevocablemente; diversas identidades entran en contacto, negocian, luchan, se rechazan o se aceptan.

MESTIZAJES O SEGREGACIÓN

La experiencia de las grandes sociedades occidentales multiétnicas (EE.UU., Gran Bretaña) demuestra que el modelo de vínculo social que impera es aquel que está basado en la yuxtaposición entre un mestizaje *in actu* y la segregación diferencial. El mestizaje entre las poblaciones es siempre lento y todavía no se puede prever qué tipo de vínculo de identidad prevalecerá en Europa. Sea como fuere, la mirada negativa vigente en Europa sobre las migraciones revela que este proceso inquieta a importantes sectores de la población. Los caminos de la transformación de identidades serán inevitablemente dolorosos en términos de integración social y de cohesión colectiva. Porque no se trata sólo de encuentros conflictivos nacionales, sino de mezcla de culturas, religiones e incluso de color de piel, continentales. Puede que sea la primera vez en la historia que Occidente experimente, *en su propio territorio*, el encuentro con el No-Occidente, es decir, lo que ha sido, en los siglos pasados, objeto de su dominación. No es casual, desde luego, la idea de crear en el seno de la Comisión Europea, en 2019, una estrategia de «Promoción de nuestro modo de vida europeo», que no da puntada sin hilo. No es lugar aquí para analizar su impacto, pero ese lema muestra el curso incómodo de estas transformaciones culturales, del inevitable mestizaje, y advierte que las identidades culturales, religiosas e incluso seculares de las sociedades europeo-occidentales son extraordinariamente férreas y opondrán una potente resistencia a los cambios.

Aunque el ejemplo de EE.UU. no es fácilmente extrapolable por tratarse de una sociedad reciente y de índole fundamentalmente migratoria, es, al menos, llamativo: el mestizaje, tras siglos de cohabitación entre poblaciones blancas y negras («afroamericanas»), sigue siendo muy difícil. De hecho, se ha ido implementando una sociedad «democrática» segmentada, segregada, de «comunidades» étnicas paralelas, en permanente conflicto entre ellas. Desde este modelo, la convivencia democrática se transforma en una lucha continua de adquisición de recursos específicos para cada grupo autodefinido étnicamente, cuando no se convierte, como hoy en día en San Francisco, en una reivindicación financiera por la exclusión histórica sufrida en el pasado.[82]

En Europa, todo parece apostar a que el modelo anglosajón de vínculo social se imponga a medio plazo, porque corresponde perfectamente, para lo mejor y lo peor, a la dinámica neoliberal. Los países de origen de los inmigrantes aplauden esta tendencia porque permitiría la formación de diásporas económicas y culturales que les benefician y, a veces, herramientas de influencia diplomática sobre los países de acogida. Es altamente probable que, en vez de hacer prevalecer la integración republicana basada en la igualdad de derechos y deberes independientemente del origen y de la confesión, Europa se someta, de hecho, al modelo anglosajón basado en la diferencia y el culto al «origen». Y la historia sangrienta de Europa nos ha enseñado que este culto al «origen» empieza por diferenciar, es decir, separar y, finalmente, mantener al «otro» en una

82. El 4 de marzo de 2023, las autoridades municipales de la ciudad presentaron un importante plan de compensación financiera para pagar la «herencia» del racismo sistémico impuesto a los afroamericanos a lo largo de la historia del país (*Le Monde*, 15 de marzo de 2023). Se habla de indemnizaciones de cinco millones de dólares y de otorgar también casas por un dólar a los descendientes de las víctimas. Al margen de la viabilidad o no de estas propuestas, lo relevante es la tendencia cultural «identitaria» que desvelan y el estado implícito de guerra en las relaciones sociales. En California, se quiere prohibir a los profesores que digan en las escuelas que son «no racistas». Mucho peor aún es en los estados gobernados por la extrema derecha: en Texas, en Florida y algunos estados más, los maestros no pueden hablar en las escuelas del pasado (esclavitud, segregación, luchas por la libertad de los afroamericanos, etcétera), so pena de despido. En otras palabras, frente al arrepentimiento erigido en penitencia política se opone el racismo punitivo, todo ello en nombre de la democracia y la identidad.

categoría humana (o infrahumana) sustancialmente inferior. Esta dinámica se observa incluso en el modelo republicano más arraigado, el francés, fundado en la percepción del «otro» como ser humano abstracto, sujeto político dotado de iguales derechos, porque, ante los interrogantes de la globalización de identidades, está dejando un espacio cada vez más importante al modelo étnico, propio de la sociedad americana. Sociedades del norte de Europa, tradicionalmente volcadas en la mirada étnica hacia el «otro», pondrán a prueba su tradicional «tolerancia» frente a esta evolución.[83] La cuestión de la identidad, tanto personal como colectiva, no dejará de perseguir a las sociedades europeas en el futuro, porque la identidad no es una categoría neutral: su contenido es étnico, cultural, o ambos a la vez. La identidad étnica alude a la pertenencia genérica y antropológica[84] que conduce inevitablemente a la estructuración del vínculo social en términos raciales. Se refiere a la concepción étnica (la sangre) de la nación. El modelo por antonomasia de esta concepción fue Alemania hasta el año 2000, cuando reformó la ley de adquisición de la nacionalidad. Por otro lado, la definición de la ciudadanía en términos culturales puede conllevar la formación de una sociedad de comunidades separadas dentro de la nación, que acaben por reivindicar derechos diferentes, y a veces derechos territoriales específicos. Son una especie de infranaciones dentro de la nación.[85]

83. En esta línea, sería muy interesante profundizar en el análisis de la diferencia de percepción entre los países de cultura protestante y los de cultura católica del sur de Europa. Aunque menos tolerantes que los del norte protestante, que son «diferencialistas», los países católicos del sur europeo son más igualitarios y, sobre todo, «asimicionalistas» e integradores en el sentido republicano de la palabra. Véase Emmanuel Todd: *Le destin des immigrés*, París, Seuil, 1997.

84. Es el *Gattungswesen* de Ludwig Feuerbach, padre filosófico de este concepto ideológico en el siglo XIX.

85. Véase Bhikhu Parekh, *Rethinking Multiculturalism: Cultural Diversity and Political Theory*, Nueva York, Macmillan, 2000.

Probablemente la formación de los Estados-nación a causa de su historia, de usos culturales y lingüísticos diferentes, necesite, como punto de referencia, un modelo de vínculo social culturalista que permita, en el ámbito político, articularse con la idea de pertenencia común y ciudadana siempre abierta. Pero basta con que surjan conflictos, siempre vinculados a la distribución de los recursos (económicos o simbólicos, es decir, de identidad), para que esa pertenencia común, más allá de la diferencia cultural, también entre en crisis.

Los casos español, belga o británico, por ejemplo, son paradigmáticos de estos conflictos de identidad cultural. Así que, en última instancia, la formación del vínculo social en relación con la identidad, y no sólo con la *ciudadanía política,* lleva consigo la legitimación potencial de las diferencias étnicas y culturales. Esta oposición entre nación étnica o cultural y nación política republicana es, hoy en día, un marcador importante de la ciudadanía europea, tal y como se está desarrollando en el ámbito normativo. El modelo europeo *oficial* que actualmente impera parte de una concepción republicana, que afirma una identidad política común más allá de las culturas y las etnias. Es claramente un modelo que favorece, al mismo tiempo, el mestizaje. Pero entre la afirmación en términos de valores inscritos en los textos y la «sociedad civil», es decir, la vida diaria de la ciudadanía europea, hay siempre un abismo.

CAPÍTULO 14

¿Hacia nuevos fascismos europeos?

DEFINIR EL «NEO»...

Los nacionalismos populistas que se desarrollan por toda Europa plantean la difícil cuestión de su definición política. El «fascismo» histórico corresponde a los movimientos políticos e ideológicos entre 1920 y 1945, sobre todo en Italia y Alemania. En aquella época otros países occidentales experimentaron movimientos paralelos y similares, por no hablar de los gobiernos autoritarios y dictaduras militares en América Latina. Hoy, la palabra «fascista» se ha vuelto, en opinión de Umberto Eco, una verdadera «sinécdoque» que alude *pars pro toto* a diferentes movimientos totalitarios.[86] Este término abarca no sólo partidos políticos que reclaman oficial o indirectamente las ideologías fascistas de antaño, sino también organizaciones autoritarias que pretenden, para obtener la respetabilidad en el corazón del sistema democrático, ser diferentes e incluso condenar sus aspectos más aberrantes (racismo, antisemitismo). Como táctica común rechazan identificarse como «fascistas», prefieren presentarse como «nacionales», «patriotas», defensores de la «identidad occidental».

Estas corrientes prosperan tanto en el seno de sociedades democráticas como en sistemas autoritarios. Han dejado su impronta en naciones tan importantes como Estados Unidos (Donald Trump), Brasil (Jair Bolsonaro), donde impusieron un régimen evangelista,

86. Véase *Cinco escritos morales*, Barcelona, Debolsillo, 2018.

mafioso y liberticida, o la India (Narendra Modi), que, desde 2014, sufre un régimen de racismo y fundamentalismo hindú. Del mismo modo, en los países musulmanes han surgido movimientos fundamentalistas cuyas características –ideología religiosa totalitaria, extremismo violento, líderes omniscientes, enemigo identificado (Occidente decadente o imperialista)– se asemejan innegablemente al viejo fascismo occidental. La obsesión común es, en todos los casos, la de la defensa de la «pureza», sea étnica, cultural, nacional o todas juntas a la vez.

Quizás la palabra «fascista» no sea capaz, por sí sola, de comprender todas las singularidades del fascismo actual. Para evitar un nominalismo estrecho, sería más conveniente hablar de *posfascismo* moderno. Su virtualidad estriba en convertirse en un elemento *aceptable* del sistema democrático contemporáneo, sin perder su sustancialidad. De ahí viene que el vocabulario político actual recurra más fácilmente al concepto de «populismo de extrema derecha» para indicar movimientos posfascistas que intentan movilizar a las clases populares contra las clases dirigentes, empleando para ello la oposición latente y estructural dentro del sistema entre el «pueblo» y los ricos, la miseria social de los de «abajo» frente a los privilegios (efectivamente) de los de «arriba», etcétera.

Otro «populismo» que debemos tener en cuenta es el que se reclama desde la izquierda. Este, en cambio, es enemigo por antonomasia del fascismo de extrema derecha, su carácter social se halla anclado en la defensa de los intereses sociales de las clases populares frente a las consecuencias negativas de las políticas económicas neoliberales. La diferencia entre ambos «populismos» no es baladí: si el populismo de extrema derecha es un neofascismo basado en la nación étnica, xenófoba y el odio al otro, el populismo de izquierda, crítico con las aporías del sistema democrático, discurre sobre una concepción universalista, ciudadana y solidaria del vínculo social. Ahora bien, no es casual que, en las crisis actuales del Estado social de bienestar en las sociedades europeas, surjan ambos populismos al mismo tiempo. En el fondo emplean la misma articulación política en la crisis de la nación y de las identidades sociales. Son reacciones defensivas frente al proceso de desagregación del vínculo social: el posfascismo en un sentido reaccionario, regresivo y de repliegue, y el populismo de izquierdas en sentido antielitista, que incita a la superación de las relaciones sociales y de las estructuras productivas opresivas.

... Y EL NEOPOPULISMO

Frente a esta configuración semántica, resulta llamativa la visión de las élites de poder que dirigen el sistema político. De hecho, las élites son las que denuncian el posfascismo y los populismos de toda índole cuando ellas mismas, en realidad, respaldan las fuerzas sociales nacionales y transnacionales que dejan poco espacio a la democracia concreta y la solidaridad efectiva.

Actualmente, en Europa, pueden observarse estos escenarios, que son una consecuencia del proceso de la globalización neoliberal. La desagregación de los sistemas sociales ha provocado una oleada de reacciones de distinto calado (política, cultural, identitaria, religiosa, nacionalista, etcétera) que incrementa los conflictos tanto entre los grupos sociales dentro de las naciones como entre ellas. Si desde 2008 la globalización ha entrado en una crisis profunda a causa del estallido del sistema financiero mundial, al que debe añadirse el impacto que ocasionó la pandemia covid-19 y posteriormente la guerra de Ucrania, sus efectos estructurales, políticos y sociales han sido letales para la democracia.

No es tarea fácil proponer un concepto sintético que pueda definir el conjunto de todos los movimientos nacionalpopulistas de extrema derecha. Son neofascistas pese a sus estrategias retóricas de disimulación, porque, si aludimos a su contenido, escribe Umberto Eco: «Se puede *jugar* al fascismo de mil maneras, sin que jamás cambie el nombre».[87] «Jugar» y no «juzgar», porque el fascismo es un objeto ideológico polisémico que es capaz de adaptarse a

87. *Ibid.*

cualquier situación. Auténtico o plagiado, comparte con su antepasado de la primera mitad del siglo xx «más que un aire de familia». Reúne las señas de identidad del fascismo de antaño: movimientos de masas, dirigentes carismáticos, llamada a la movilización activa en la vía pública, retórica xenófoba, identificación de chivos expiatorios expuestos al odio (la «política», los extranjeros, la corrupción del sistema parlamentario, las élites alejadas del pueblo, etcétera). Y, sin duda, se nutre de los efectos disgregadores de la crisis económica que afecta a las clases sometidas.

Este neofascismo ha encajado fácilmente en la sociedad pluralista democrática europea y, en varios países, se ha convertido, paulatinamente, en aliado de las clases conservadoras tradicionales, que pretenden utilizarlo para debilitar las fuerzas progresistas. Hoy en día, en el corazón del Parlamento Europeo, constituye una corriente cada vez más poderosa que penetra con fuerza en la orientación ideológica y política del conjunto europeo. Si no se atreve a reivindicar oficialmente la aspiración a una nación «pura» y una ideología oficialmente racista, sí, en cambio, se asienta en una denuncia permanente de la inmigración como un peligro letal para Europa, particularmente para Occidente, cuya suerte depende, en adelante, tanto del mercado de trabajo que la necesita como de los programas de los partidos políticos en Europa, que entran a competir en esta materia, a menudo de manera violenta y demagógica.

CAPÍTULO 15

Las migraciones en tiempo de rechazo

La transformación de la inmigración en objeto polémico y polemizado es ya una vieja historia en Europa. Desde comienzos de los años ochenta del siglo XX, se ha vuelto una cuestión insistente en la agenda política de los países europeos del norte, y, a partir de los años 2000, una obsesión que se ha extendido, como tal, al resto de países. Entender el fenómeno migratorio como realidad objetiva en la historia de todas las comunidades humanas es bastante sencillo; analizarlo con rigor se ha convertido, en cambio, en una tarea complicada en las épocas de crisis económicas,[88] pues las inmigraciones se conciben insertas en la totalidad de los problemas de las sociedades de acogida. En este sentido, la inmigración es un «fenómeno social absoluto»,[89] atañe a todas las dimensiones del cuerpo social. Ahora bien, para desengarzarlo de la confusión y, a menudo, de la hostilidad cultural que lo envuelve, es necesario observarlo desde la historia y las estructuras sociales en que se desarrolla.

88. Considero la crisis permanente una característica de todo sistema económico basado en el neoliberalismo, es decir, un proceso continuo, generado por la competencia global, de estructuración-desestructuración del vínculo social.

89. Según la definición del *potlatch*, concepto construido por el etnólogo Marcel Mauss para explicar la diferencia entre el fenómeno del don de la ofrenda que implica todas las esferas de la relación social y el intercambio comercial, que se limita a una mercancía como objeto aislado.

Los flujos migratorios contemporáneos difieren de los del siglo XIX e, incluso, de los que tuvieron lugar a lo largo del siglo XX y desde el comienzo del XXI. Son consecuencia de una potente revolución demográfica vinculada a la expansión, en el siglo pasado, de las políticas sanitarias en Asia, África y América Latina, y, simultáneamente, del crecimiento exponencial de las desigualdades económicas con respecto al mundo occidental desarrollado. También es nuevo el telón de fondo histórico: varias revoluciones de diversa índole se han desencadenado hoy al mismo tiempo. He subrayado que la globalización comercial, económica y financiera ha alterado profundamente el funcionamiento de las fuerzas productivas a escala mundial. La revolución tecnodigital, que supone un salto cualitativo en el dominio de la naturaleza y en la reestructuración de las relaciones sociales, se despliega de manera imparable y transforma la estructura de las clases y grupos sociales. En el mismo plano, una gran revolución medioambiental surge como reacción a la degradación de la naturaleza, que obliga a inventar una transición ecológica de los modelos productivos, sobre todo en los países desarrollados, principales predadores y destructores del planeta. Hay otros procesos en curso, pero los mencionados son los definitorios de nuestra época y no se pueden entender sin una mirada que englobe su entrelazamiento y complejidad. Ilustrativa en este sentido es la correlación entre la revolución demográfica y el desarrollo de las migraciones.

DEMOGRAFÍA E INMIGRACIÓN

En la actualidad, esta revolución demográfica se contempla esencialmente en el continente africano. En Asia, la India sigue creciendo (aproximadamente 1.500 millones en 2050), China desciende (1.350 millones en la misma fecha), pero el continente africano alcanza ya 2.400 millones de habitantes y está previsto que supere los 3.000 millones entre 2030 y 2050. ¡Más que el conjunto de la India y China!

Se utiliza a menudo este rotundo crecimiento para atemorizar al mundo «blanco», cuando, en realidad, sólo es el síntoma de la recuperación en el continente africano de su ritmo normal de crecimiento. A partir del siglo XVI, sufrió un gigantesco derrame demográfico causado por la colonización y el tráfico de millones de esclavos hacia América, tanto en el norte como en el sur, que acabó con imperios, naciones y otras formas de estado existentes en África. Desde entonces y hasta mediados del siglo XX, la tasa de mortalidad africana superaba a la de natalidad. Era tremendamente difícil sobrevivir en sociedades que habían sido desposeídas, arrasadas y empobrecidas. La colonización acabó con civilizaciones urbanas desarrolladas y el genocidio no se limitó al traslado, en calidad de esclava, de buena parte de su población a Estados Unidos y a América Latina, sino que detuvo drásticamente el crecimiento normal de una población que, hasta la llegada de los invasores, tenía una relación equilibrada con su entorno medioambiental. Dicho de otra manera, el desequilibrio demográfico fue provocado primero por Occidente.

Después de la Segunda Guerra Mundial, es a partir de las respectivas independencias políticas en África cuando la implantación de sistemas sanitarios comienza a reducir muy lentamente las tasas de mortalidad infantil y se recupera el ritmo demográfico. Gestionar esta vuelta a la normalidad no fue fácil. Como efecto perverso, hipotecó radicalmente el desarrollo económico en el contexto de nuevos Estados muy desigualitarios, opresivos y excluyentes. Las migraciones, impulsadas, de hecho, por estos poderes políticos, son el resultado de esta situación. África subsahariana está experimentando, sin duda, un rápido proceso de crecimiento demográfico. Y es posible que entre en su transición demográfica (equilibrio entre nacimientos y mortalidad) a finales del siglo XXI, lo que reducirá tanto la población global como las emigraciones africanas.

En cambio, en el África blanca, las sociedades del Magreb ya han comenzado la transición demográfica. Probablemente, en diez años Marruecos habrá moderado su crecimiento como antes lo hizo Túnez. Pero está claro que, para estos dos países, la desaceleración que ahora se vislumbra corresponde, sobre todo, desde finales del siglo XX, a la emigración de una parte significativa de su población hacia Europa. Argelia sigue manteniendo un alto ritmo demográfico, debido a la política oficial de repoblación que se aplicó con la independencia en 1962, aunque no ha conseguido reducir las migraciones. En Oriente Medio, todos los países estabilizaron su crecimiento, salvo Palestina, Egipto y Turquía.

Globalmente, según datos de la Agencia de la ONU para los Refugiados (ACNUR), en 2021 más de cien millones de personas en el mundo viven, por razones forzosas, lejos de sus hogares. Un tercio de estas, treinta millones, se han visto obligadas a huir de sus países y varios millones, a sobrevivir en alguno de los más de doscientos campos de refugiados que existen en el mundo. Un fenómeno que no va a parar de crecer por la crisis climática: treinta millones de personas son empujadas al éxodo cada año, también según Naciones Unidas. La mayoría en África, el continente más afectado por la creciente intensidad y frecuencia de circunstancias climáticas extremas. Mientras, si prevalece la tendencia actual, Europa reducirá su población en un 10% en lo que queda de siglo.

Estas cifras indican claramente que las migraciones se incrementarán, sobre todo en dirección a Europa, y que ningún Estado puede pretender controlarlas. Y «vendrán»[90] de todas partes: África, Asia, América Latina. De hecho, el sistema neoliberal globalizado se aprovecha de estas migraciones para imponer una mayor flexibilidad en el mercado de trabajo, precariedad, sueldos bajos, sin olvidar que también se beneficia gratuitamente de la formación que los emigrantes han recibido en sus países de origen.

Se puede afirmar que los países europeos están rentabilizando las inversiones en el sistema de formación en África y en Asia. Cuando Europa recibe a los jóvenes africanos, en general en buena condición física, con educación escolar –en mayor o menor grado– y capacidad de adaptación al nuevo contexto, dispone de una

90. Véase una aproximación a este tema en mi ensayo *Y vendrán. Las migraciones en tiempos hostiles*, Barcelona, Planeta, 2005.

enorme ventaja sobre los países de donde proceden. Es, en realidad, otra forma de apropiarse de la riqueza de los países pobres: caza de cerebros, apropiación de sus fuerzas intelectuales más vitales. Pero los posibles emigrantes no tienen otra opción, pues seguir viviendo en la miseria o la humillación tampoco es aceptable para nadie.

CARENCIA DE UNA POLÍTICA MIGRATORIA COHERENTE

Desde la puesta en marcha de los Acuerdos de Dublín a principios de los años noventa del siglo pasado, junto con el proceso de integración económica y la formación del mercado único, la UE se ha orientado hacia una política común en materia de gestión de los flujos migratorios y de refugiados. No analizaré aquí esta política que, además, ningún país europeo respeta cuando sus intereses nacionales se ponen en juego. Basta con decir que uno de los mayores fracasos históricos de la UE ha sido su incapacidad para consensuar una posición común, digna, sobre este asunto desde hace casi cuarenta años. Europa se debate entre posiciones abstractas sobre sus valores de acogida y la realidad prosaica. Sus líneas generales consensuadas pueden resumirse en estos dos aspectos.

En primer lugar, todas las políticas migratorias dictadas en el seno de la UE tienden a gestionar la libertad y las restricciones de circulación de las poblaciones en función de las necesidades del mercado laboral. Desde este prisma, se reconocen tendencialmente derechos a los inmigrantes legales y se les exigen legítimamente deberes, favoreciendo, dentro del Estado democrático de derecho, su integración, y, en su caso, el acceso a la nacionalidad del país de acogida. Se trata de un elemento positivo innegable, pese al rechazo que padecen los inmigrantes en la sociedad «civil». Tanto en EE.UU. como en Europa, la estrategia es idéntica: se acogen nuevos trabajadores cuando el mercado los necesita, y se rechazan y persiguen en caso contrario. Es decir, la inmigración se concibe como una variable de ajuste del mercado de trabajo mundial. En consecuencia, la inmigración *ilegal* se integra plenamente en este esquema, pues constituye una suerte de mercado de trabajo de reserva para favorecer los sectores de la economía más débiles y, sobre todo, de la economía sumergida, que juega un papel decisivo en la competencia entre los diversos polos de la economía tanto nacional como internacional. El Estado, en general, cierra los ojos ante esta realidad.

En segundo lugar, los refugiados son una cuestión pendiente en la Unión Europea: entre los principios de la Declaración de Ginebra de 1953 y la realidad hay ahora un verdadero abismo. En pocas palabras, no se respeta la letra de esta declaración de la ONU, aunque sea vinculante. Desde los Acuerdos de Dublín sobre la política de asilo, la involución es más que patente: la reducción drástica del derecho de asilo es sistémica. Su tratamiento se asimila al dispensado para la inmigración irregular, es decir, se traduce en el rechazo de la solidaridad obligatoria con los refugiados y la negación de sus derechos específicos.[91]

Lo que ocurrió en 2015, a propósito de la catástrofe humanitaria de los refugiados sirios, puso de manifiesto esta orientación. El abandono de los refugiados ha sido la norma, los intereses nacionales han prevalecido (mientras Alemania acogía a un millón de refugiados, sobre todo técnicos y trabajadores altamente cualificados, otros países, como Grecia e Italia, empujaban al mar y a los campos de retención de Oriente Medio a decenas de miles de personas) hasta negociar con Turquía acuerdos de readmisión a cambio de dinero.

91. Véase Javier de Lucas, *Mediterráneo, el naufragio de Europa*, Valencia, Tirant lo Blanch, 2015; Esther Pomares Cintas, *Trata de seres humanos y tráfico de refugiados: los nuevos escenarios ante los grandes desplazamientos migratorios en Europa*, Universidad de Jaén, abril de 2018; y mi ensayo, *Refugiados, ante la catástrofe humanitaria, una solución solidaria,* Barcelona, Crítica, 2016.

EL TRATAMIENTO ARBITRARIO DE LOS REFUGIADOS

Ahora bien, no deja de resultar llamativo el giro brusco que ha dado la política europea en cuanto al trato a los refugiados con ocasión de la guerra de Ucrania, en febrero de 2023: la generosa acogida de casi cinco millones de refugiados brinda un retrato inquietante sobre la política migratoria de la UE y obliga a preguntarse: ¿estará esa respuesta distinta en el «origen» europeo de las víctimas de la guerra? ¿Es posible que los valores universales de la UE se vean debilitados en virtud de un trasfondo étnico o confesional que discrimine el tratamiento tuitivo de las víctimas? Estas preguntas no son insidiosas: ¿cómo interpretar, y explicar, que millares de peticionarios de asilo procedentes de África subsahariana y Oriente Medio permanezcan largos períodos de tiempo –uno, dos o más años– sin recibir la más mínima atención, viviendo como desterrados en los vertederos de la Unión Europea? ¿Cómo explicar el número tan elevado de solicitudes rechazadas cuando provienen de personas no europeas? ¿Cómo se puede dar la espalda a la condición dramática de los refugiados no europeos en Europa? ¿Cómo legitimar, por fin, el uso de una política de doble rasero, que diferencia *otredades* entre los refugiados?

Con todo, la bienvenida reacción frente a la tragedia de los ucranianos podría servir de plataforma desde la que poder mirar de cerca el futuro del sistema de asilo. El fondo del problema persiste desde 2015: la UE sigue enredada entre graves divergencias de los Estados miembros porque carece de una política de asilo consensuada, o peor aún, de una voluntad evidente para construirla. Es preciso tener en cuenta que los países del Grupo de Visegrado (República Checa, Eslovaquia, Hungría y Polonia) rechazaron acoger, por razones obviamente étnicas y confesionales, pero también económicas, a los refugiados no europeos, lo que supuso una clara vulneración de los derechos más básicos y la inclusión de la xenofobia como una particularidad de sus políticas institucionales. Y no todos son, como Hungría, regímenes en los que gobierna la extrema derecha religiosa o xenófoba.

Por lo que respecta a los países de primera entrada (España, Italia, Grecia, etcétera), son sospechosos de favorecer migraciones «secundarias» hacia el resto de los países socios (Francia, Alemania y los países del norte). De hecho, todos los Estados rechazan una verdadera y proactiva política común europea de asilo. Quieren conservar su soberanía sobre la entrada por varias razones.

En estos escenarios, la renegociación de los Acuerdos de Dublín ha estado estancada hasta la adopción del Pacto Migratorio, en octubre de 2023. Más allá de la escenificación mediática del evento, lo que se presenta como solución son obstáculos en un contexto en el que las decisiones se volcarán en las propias soberanías de los Estados miembros, o se traducirán en la externalización de la gestión de la humanidad forzosamente desplazada. Se pone en evidencia así la impotencia de la UE frente a la cuestión migratoria y, tras años de parálisis, se enarbolan tres posibles propuestas: (a) autorizar la libre circulación de los refugiados una vez obtenida la autorización en el país de primera entrada, pero con un importante matiz, pues se permite rechazar refugiados si el país elegido compensa su decisión económica o logísticamente; (b) distribuir a los refugiados según un sistema de cuotas aceptado por los Estados; (c) externalizar la gestión con los países de origen o de tránsito mediante «ayudas financieras».

Este Pacto Migratorio significa un paso adelante, porque permite la circulación de los refugiados en Europa, pero, con todo y con eso, queda claro que Europa no puede desarrollar una verdadera estrategia proactiva de gestión de los flujos migratorios, sencillamente porque el Sur ahora ya no es de su interés: lo percibe como una amenaza de corto alcance, de respuestas estrictamente inmediatas y, sobre todo, represivas. Las migraciones, en realidad, cuestionan profundamente la política europea hacia su entorno geopolítico y económico, en especial hacia el Sur.

Ahora bien, tener en cuenta el desafío del Sur más allá de la perspectiva de peligro es un objetivo que se aleja cada vez más de la mirada de los europeos. La guerra de Ucrania impulsa la reorientación de la UE hacia el Este. Esa será la principal preocupación del conjunto europeo. El futuro dependerá de las relaciones que resultarán de la contienda con Rusia, cuya suerte en esta aventura no se decidirá a corto plazo. Queda el Sur. Si actualmente Europa atraviesa una profunda crisis de orientación económica, si su inserción en la mundialización neoliberal, tal y como hemos señalado, provoca fuertes desequilibrios y conflictos en su seno, también en el Sur, principalmente en el continente africano, las consecuencias se hacen sentir tanto en términos geopolíticos como sociales y migratorios. El Magreb, dependiente de la UE económica y financieramente, presa de autoritarismos de toda índole y exportador impenitente de flujos migratorios, no ofrece en el horizonte una perspectiva de unión entre sus naciones, que resultaría una tabla de salvación desde todos los puntos de vista.[92] En cuanto a los flujos migratorios, se encuentra el gran interrogante sobre África negra, continente extraordinariamente complejo, colmado de recursos de todo tipo, y que se está transformando en un campo de competencia entre China y Rusia. Es incluso probable que Europa haya perdido la batalla en este terreno. Así parecen mostrarlo el desarrollo incontrolable de las migraciones subsaharianas y la falta de confianza de estos países hacia Europa en la contienda ucraniana. El sur «global» no está detrás de Europa, y menos aún con ella. La ruptura Sur-Occidente se ha convertido en la nueva moda para los especialistas en relaciones internacionales. Volveremos de nuevo a esta cuestión en la última parte de este libro.

La solidaridad con el continente africano –económica, política y de seguridad– es, sin embargo, crucial para afrontar los retos del desarrollo y las migraciones. Se sabe de sobra lo que hay que hacer. Financiar políticas de estabilidad social, mediante inversiones en el desarrollo sostenible; fortalecer los Estados de derecho para que la democracia efectiva permita a las diversas fuerzas sociales encontrar soluciones a sus anhelos dentro de su país y no tener que huir

92. Véase la sexta parte de este libro, sobre el Mediterráneo.

de la represión; reorganizar la política de ayuda a la cooperación, puesto que la «ayuda» europea actual es sólo un alijo de miseria que sirve esencialmente para pagar a las élites dirigentes a cambio de mantener la seguridad en las fronteras, pero sin capacidad para contener a las poblaciones. Y organizar juntos la circulación de las personas en el continente europeo, haciendo de las migraciones vectores del desarrollo y de la cooperación solidaria. Todo ello implica voluntad política, visión de largo alcance, interés común bien entendido y compartido. Nunca es tarde para hacer prevalecer los valores de progreso y solidaridad. Europa necesita un Sur desarrollado, fuerte y aliado.

Sexta parte

EL MEDITERRÁNEO, ENTRE EL DESINTERÉS Y LA INQUIETUD

CAPÍTULO 16

La zona de fracturas y conflictos abiertos más importante del mundo

EL SUR, ENFRENTE

Entre los desafíos a los que se enfrenta Europa, los de su flanco mediterráneo son, sin duda, los más difíciles de gestionar. No porque se trate de problemas insolubles, sino porque se conjugan cuestiones de geoeconomía política extremadamente complejas y de identidad, minadas, al mismo tiempo, por la negación europea y una indiferencia deliberada. Negación y desconfianza asentadas por mor del largo legado de dominación imperial y colonial, que evoca la presencia en Europa de las migraciones de trabajo procedentes del Sur desde la Segunda Guerra Mundial. A partir de la década de los cincuenta del siglo XX, el desarrollo económico de Francia, Alemania y Gran Bretaña habría sido, desde luego, mucho más costoso y menos efectivo sin la aportación de esta mano de obra originaria de las colonias: inmigrantes magrebíes, turcos, asiáticos, africanos y caribeños. Cierto es que siempre se olvida, cuando se subrayan las virtudes del desarrollo en la época bendita del Estado de bienestar, que se benefició también de la marginación social impuesta por los países de acogida.

Hoy la situación de vecindad e intercambio en el Mediterráneo es estructuralmente conflictiva, pese a que el destino de sus dos orillas esté unido por la historia, la cultura compartida y los intereses inexorablemente entrelazados. Dado que el conflicto es protagonista, es preciso comprender su naturaleza, sus causas y su alcance.

Después de la Segunda Guerra Mundial, el proyecto de una Europa en tanto que comunidad de naciones se va perfilando progresivamente y no sin grandes dificultades. Su característica principal, implícita, reside en concebir la idea de una Europa como realidad diferente de las naciones y, a la vez, supranacional. El proyecto entra en una especie de introspección, que lo conduce, mediante la expansión de su mercado, a la necesidad de unificarse en función de la representación que tiene Europa de sí misma.[93] El «europeísmo» resultante es una conjunción de culturas diferentes, y a la vez similares, de historias opuestas y también comunes, de creencias arraigadas en el mismo crisol del cristianismo y el del humanismo secular. De hecho, más que cultural, es un pilar civilizador. Y una *voluntad*, ante todo. Y es precisamente esta voluntad, sustentada en la descolonización, la que lo ha llevado a dar la espalda al Sur, apartándose de él.

Es cierto que este posicionamiento histórico no es igual en todos los Estados europeos. Afecta sobre todo a los países de tradición colonial, que han proyectado una parte de sí mismos en el sur mediterráneo, África, incluso Asia, si se piensa en Gran Bretaña y Países Bajos. Este dato no es, desde luego, trivial a la hora de elaborar una política europea en el Mediterráneo. En efecto, los países de tradición colonial no sólo mantienen vínculos históricos con las regiones que han subyugado en el pasado, sino también relaciones humanas que cobran aún vigencia debido al intercambio de la lengua, a los asuntos de inmigración y a las aportaciones culturales mutuas, que hacen posible auténticos mestizajes identitarios. Este pasado común sobrevive en los países exdominadores por la presencia de diásporas migratorias, de comunidades que siguen distinguiéndose por razón de origen, confesión, memoria e incluso, a veces, por su propio imaginario.[94]

93. Véase, *supra*, la primera parte: «Hacia una identidad europea».

94. Esta dimensión es fundamental porque un excolonizado emigrado a Francia desde hace mucho tiempo (argelino, por ejemplo), que fue francés de

Ahora bien, todo este pasado queda relegado a la memoria colectiva cuando se habla de la idea del *europeísmo* emprendida por los fundadores del proyecto europeo. Su ampliación a los países del Este, en calidad de portadores de acervos históricos centrados en sus relaciones con el gran vecino-enemigo ruso, dificulta aún más la relación con el Sur. Mientras que la construcción europea ha «externalizado», o incluso desterrado de su memoria, el Sur mediterráneo, como si se tratase de un mal recuerdo, su mirada al Este se celebra como un reencuentro familiar –se habla inocentemente de «familia europea»– y, más que una simple extensión del mercado occidental hacia la región oriental, juega el papel de una trama identitaria que se pretende apuntalar y reestructurar. A su vez, los países del Este insisten en dicha «identidad europea» en tanto en cuanto significa para ellos una pertenencia étnica y confesional común condicionada por el reconocimiento mutuo, oficialmente al menos, de valores democráticos. Más allá de los intereses económicos que pretenden reemplazar la hegemonía rusa por la dominación del mercado europeo occidental, la integración regional del Este revela también un enfoque etnoconfesional que nunca ha sido reconocido pero que está muy presente en el imaginario contemporáneo de Europa. Es este modelo de «europeísmo» el que aglutina a los europeos de este a oeste, el que justifica, en realidad, su confluencia «natural», «familiar», en el seno del concierto europeo y el que, a la inversa, se esgrime para rechazar a la Turquía no cristiana (aunque laica y europea en parte de su territorio).

Se trata, pues, de una construcción mental «eurocentrista» de Europa. La actitud que predomina desde principios de los años ochenta del pasado siglo, reforzada considerablemente desde la expansión a los países del Este, surge de un argumentario cultural y económico que se olvida del Sur en su propio espejo: sólo está presente en Europa a través del semblante de la inmigración, de las

nacionalidad, difícilmente se siente extranjero en ese país: tiende más bien a considerarse excluido de una parte de su historia personal.

guerras, las revueltas y las revoluciones que trastornan su espacio humano. Expulsado de la memoria colectiva europea, el Sur mediterráneo es percibido como una amenaza. Se ha convertido en la frontera por excelencia de Europa, allí donde los peligros son mayores y los desafíos más temibles.

Pero Europa, que posee una extensa ribera que linda con el mar Mediterráneo, no puede, aunque quisiera, separar su norte de su sur. En un mar tan pequeño, las dos orillas están irrevocablemente entrelazadas por la historia, la geografía, las poblaciones, la cultura, los modos de vida, los intereses... El Mediterráneo es, etimológicamente, un espacio situado en «medio» de tierras, y es también *Mare Nostrum*, que lo hace indivisible, una virtud que ninguna relegación memorial podría borrar.

El Mediterráneo es hoy la zona de fracturas más importante del mundo si la comparamos con otras zonas ribereñas de Asia y el Caribe. Condensa todas las contradicciones –económicas, comerciales, ecológicas, energéticas, políticas, culturales– y revela las grandes desigualdades sociales de desarrollo entre las dos orillas. Alberga los principales conflictos abiertos, violentos y armados, que amenazan la estabilidad regional, y entre ellos, el israelí-palestino pone permanentemente en la cuerda floja la propia paz mundial porque uno de los beligerantes, Israel, dispone de armas nucleares. Asimismo, esboza conflictos potenciales, en ocasiones activos, de naturaleza transnacional, que pueden tanto destruir las formaciones estatales existentes (entre kurdos, turcos, kosovares, bosnios, serbios, cristianos, musulmanes, judíos, etcétera) como también presagiar guerras por el acaparamiento de los recursos naturales, o el control del agua, que es la cuestión principal en todo Oriente Medio. Precisamente en la trama de estos desafíos pretende elaborarse la política europea del Mediterráneo.

DESAFÍO DE IDENTIDAD

El primer desafío es migratorio, religioso, identitario. Los trabajadores inmigrantes procedentes del sur del Mediterráneo, hoy como antes, están destinados a someterse a las condiciones de explotación y marginación establecidas por los países de acogida (durante unos cincuenta años, fueron poblaciones recluidas en barrios marginales y normalmente despreciadas o humilladas). En el imaginario social ampliamente compartido, están clasificados, de hecho, como sector de peligro. Tanto más cuanto que su religión, el islam, ha sido considerada desde tiempos inmemoriales como el «enemigo íntimo» (en palabras del famoso medievalista francés Jacques Le Goff) de la civilización occidental. Este desvalor confesional se ve en cierto modo acentuado en un subgrupo étnico, raramente reconocido, ligado a la presencia de magrebíes y subsaharianos.[95]

95. Frente al «negro», es el racismo del «color» el que prevalece, haciendo de la diferencia fenotípica una esencia absoluta mientras que biológicamente nada separa al negro del blanco. Frente al Mediterráneo del sur –magrebí, árabe, musulmán, aunque blanco–, es el racismo neocolonial de dominación el que interviene, así como, al mismo tiempo, el odio ancestral religioso, inconsciente hoy, respecto del semita, aunque esta noción, mediante una extraña operación semántica, no parece aplicarse más que a los judíos. Es en Francia donde se encuentran los más acérrimos defensores de esta concepción, de Gobineau a Renan, sin olvidar, por supuesto, los mil ideólogos antisemitas de pacotilla que proliferaron ulteriormente en Alemania. Ernest Renan opone los «arios» europeos a los «semitas»; los separa, en pleno acuerdo con las estrategias coloniales de división de las poblaciones conquistadas en el siglo XIX, en «buenos» semitas (los judíos) y «malos», los musulmanes. Los judíos, según él, pueden acceder a la «modernidad», los musulmanes, no. Renan no es, por ello, antiárabe, sino que sueña con un Oriente Medio cristiano, como si lamentara las batallas perdidas de las Cruzadas; su antiislamismo se diferencia, pues, del antisemitismo de origen católico y antirrepublicano que se desarrolló en Francia a lo largo del siglo XIX. Nunca se recordará suficientemente que el antisemitismo es, ante todo, una invención ideológica

El conjunto de esta estructura –dispersa en la mayoría de los países europeos– define la actitud mental eurocentrista, más allá de los intereses económicos que guían el proyecto europeo. Sin entrar en más detalles, lo importante es analizar cómo esa mirada constreñida sobre el Sur ha servido de base para contenerlo mediante estrategias de cooperación política y económica.

A este respecto, cabe señalar varias etapas y componentes en la conformación de estas estrategias. A grandes rasgos, desde la adopción del Tratado de Roma, en 1958, hasta finales de los años setenta, la construcción europea es, ante todo, una opción francesa orientada a Alemania y el Norte. Es en la época de la Guerra Fría cuando la URSS se convierte en la frontera por excelencia del espacio eurooccidental. En 1973, Gran Bretaña se integra en el esqueleto europeo, y los países del sur (España, Portugal, Grecia) quedan fuera de él. En ese periodo no existe una política mediterránea, sino sólo instrumentos multilaterales de cooperación entre algunas naciones europeas (Francia en particular) y los países de la cuenca meridional. La estrategia europea no cobró forma, como tal, hasta entrados los años ochenta, y una de sus primeras consecuencias fue relegar progresivamente a un segundo plano las relaciones multilaterales en beneficio de una política bilateral de la Comunidad Europea. De la necesidad se hace virtud debido a la integración de los Estados del Sur (España, Portugal, Grecia), etiquetados como «Club med» por los países del Norte. La adhesión de estos países fue concebida desde el principio por sus propias élites, y por la tecnocracia de Bruselas, como una rotunda separación de su entorno mediterráneo. En cambio, frente a los países del sur mediterráneo, los dirigentes europeos, de acuerdo con los grandes polos económicos y financieros, se opusieron a toda forma

francesa. Véase, entre otros, el interesante trabajo del historiador israelí Zeev Sternhell, *Ni droite ni gauche. L'idéologie fasciste en France*, París, Folio, 2012 (4.ª ed.), 2013. Véase también Edward Saïd, *Orientalismo*, Barcelona, Debolsillo, 2003, análisis magistral de la mirada occidental-europea en el campo de la cultura y la literatura.

de *integración estructural*, incluso a largo plazo. Con ellos era preciso establecer otra modalidad de relación, bajo el concepto de «vecindad». Se trata de una relación de «asociación» económica y política que se desenvuelve en dos vertientes[96] y en varias fases que abarcan desde los años ochenta hasta hoy. Podemos seguir paso a paso esta evolución.

96. Se proponen dos tipos de «alianzas». Una con los países del contorno mediterráneo, Argelia, Egipto, Israel, Jordania, Líbano, Libia, Marruecos, Palestina, Siria y Túnez. Y, más tarde, una asociación *oriental* con Armenia, Azerbaiyán, Bielorrusia, Georgia, Moldavia y Ucrania. Los segundos están condenados, por alguna operación del espíritu, a ser un día «europeos»; los primeros, en cambio, debido a la visión eurocentrista, están condenados *ad infinitum* a permanecer a las puertas de Europa. En definitiva, Ucrania no era europea, pero lo fue en virtud de la agresión rusa: ¡el bautismo cuesta caro! Es un aviso a los demás candidatos «orientales».

CAPÍTULO 17

La esperanza frustrada del Acuerdo de Barcelona

TRES VERTIENTES

El hito más importante en el entendimiento de la política mediterránea europea lo constituye el Acuerdo (o Proceso) de Barcelona de finales de noviembre de 1995. Este instrumento preveía la puesta en marcha de una estrategia regional enfocada al Mediterráneo. No es necesario aquí volver a examinar el periodo comprendido entre la década de 1970 y el Acuerdo de 1995: no hay nada particularmente notable que hubiera podido generar una dinámica estructural de acercamiento entre ambas orillas. En realidad, sólo en los momentos en los que se perciben amenazas para la seguridad (guerras, terrorismo, revoluciones), Europa mira febrilmente del lado del Mediterráneo: es lo que ocurrió en la guerra del Golfo en 1991, en el acercamiento israelí-palestino de 1993 o en la creación de la Unión para el Mediterráneo (UpM) en 2008, con el fin de relanzar la estrategia del Proceso de Barcelona. Por eso, la fecha clave sigue siendo 1995.

Ese año, Europa y el conjunto de los vecinos del sur acordaron en Barcelona establecer una cooperación «global» concerniente a la «estabilidad» regional y al desarrollo mutuo. Se articuló en tres vertientes: económica, política de seguridad y de cooperación entre las sociedades civiles. Podemos hacer una recapitulación de los planteamientos, a menudo farragosos, del documento del Acuerdo en cada uno de esos ámbitos, y resaltar los puntos principales. Así, desde la perspectiva económica, se suscriben convenios de asociación con cada uno de los países, para, a cambio de financiación, abrir sus mercados a los productos europeos. El objetivo era franquear, sin reciprocidad, las fronteras aduaneras de los países del Sur, siendo el ejemplo más llamativo el del área agrícola, que perjudicó gravemente las exportaciones marroquíes. Estos acuerdos de asociación se firmaron con todos los países, excepto con Libia, y están congelados en lo que concierne a Siria. Se han vuelto rutinarios y dependen de intercambios comerciales, sin impacto para el desarrollo de los países del Sur, por estar especializados en la división del trabajo fomentada por el mercado europeo.

La Asociación Euromediterránea (Euromed) no pretendía integrar en el espacio europeo a los países del Sur que estaban interesados, sino crear una simple zona de libre comercio exterior de la UE, regida por políticas clásicas de cooperación, aunque más avanzadas económica y financieramente. Coexistían (y siguen coexistiendo) formas de cooperación multilateral de países europeos que mantenían relaciones comerciales con los de la orilla sur –que, de hecho, son mucho más importantes que las establecidas por la UE–. Por ello, bajo el pretexto de un enfoque global, la política mediterránea de la UE, que alinea a los países del Sur en el mismo plano, a menudo ha constituido una regresión perjudicial con respecto a la época de las cooperaciones multilaterales, entre principios de los años sesenta y el Acuerdo de Barcelona de 1995.

La segunda vertiente, relativa a la seguridad, es, hoy, la más desarrollada y avanzada entre las dos orillas. Pero no se sustenta sobre proyectos comunes para resolver los conflictos globales en el Mediterráneo, sino en estructuras elaboradas para asumir relaciones regulares de cooperación entre ministros del Interior en materia de lucha contra el terrorismo, inmigración ilegal, etcétera.

Y, como cabía esperar, debido a la falta de libertad de circulación entre ambas riberas, la política de cooperación de las sociedades civiles ha quedado reducida a intercambios sin ninguna trascendencia cultural, que se limitan a la organización de costosos coloquios destinados a satisfacer simbólicamente a las élites cultas de los países del Sur. Un gran fracaso, en términos globales, que se anunciaba previsible.

UN CONTEXTO GEOPOLÍTICO INFLAMADO

El plan de Barcelona se enmarcó en un contexto geopolítico candente, que inexorablemente influyó tanto en su elaboración como en su desmoronamiento. La invasión de Kuwait por Sadam Husein en 1991 provocó la reacción de Estados Unidos, que sometió a Irak a cuarentena bajo un sistema de embargo potencialmente genocida; la opinión pública del mundo árabe se revolvió e inquietó a los países europeos, que se creyeron obligados a dar respuestas a lo que definieron como reacciones de «humillación». La desaparición de la antigua URSS posibilitaba, sin obstáculo, una acción europea, ya que los países de la costa sur tradicionalmente aliados a esta potencia quedaban huérfanos; y, finalmente, el 11 de octubre de 1993 se firmaron los Acuerdos de paz de Oslo entre palestinos e israelíes, que prometían una solución de alcance estratégico en el Mediterráneo.

Sin embargo, pese al entusiasmo del momento, el proyecto de Barcelona, aprobado entre el 25 y el 27 de noviembre de 1995, nació herido de muerte a raíz del asesinato, pocas semanas antes, el 4 de noviembre, de Isaac Rabin, jefe del Gobierno israelí. Eso supuso el desmantelamiento del proceso de paz –precisamente la condición de las bases de cooperación de Barcelona–, apuntalado, además, por la escalada de la extrema derecha israelí, que condujo al declive del laborismo, partidario de un acuerdo global con los países árabes, incluidos los palestinos. La victoria de la derecha israelí y la irrupción, como reacción, del fundamentalismo islámico palestino desplomaron las expectativas del Acuerdo de Barcelona. Y, por otro lado, Siria y Egipto, los dos únicos países que podían contribuir a la resolución de los conflictos regionales, acabaron automarginándose, al entrar en una espiral de impotencia que sólo beneficiaba al eje israelí-norteamericano en Oriente Medio. Diez años más tarde, en 2005, la Unión Europea intentó reavivar la llama de 1995 reuniendo a los jefes de Estado y de Gobierno de los países ribereños una vez más en Barcelona; sin embargo, ningún líder de peso concurrió a la convocatoria: fue la muerte simbólica de la idea de 1995. Sólo quedan fragmentos dispersos, microproyectos sin alcance estratégico de futuro para el Mediterráneo.

Ahora bien, este fracaso introdujo un nuevo elemento fundamental en la geopolítica mediterránea: la entrada de potencias árabes no mediterráneas, es decir, los países del golfo Pérsico, vasallos instrumentalizados y respaldados por Estados Unidos. Son países, desde Arabia Saudita hasta los Emiratos Árabes Unidos, que, lejos de implementar proyectos de desarrollo económico regional, defienden una estrategia de control rentista para encarar su papel como financiadores («corruptores», dicen algunos) de las élites del Sur mediterráneo, apoyando la emergencia de grupos especuladores y depredadores, y, asimismo, como proveedores del integrismo religioso, vector de dominio de las poblaciones.

Téngase en cuenta que los objetivos norteamericanos se inscriben en una perspectiva que supera ampliamente la de Europa sobre el Mediterráneo. La estrategia estadounidense, esencialmente política y militar, aspira a integrar *todo* el Mediterráneo en su espacio de influencia, que codirige mediante la alianza con Israel y con las monarquías del golfo Arábigo. A los ojos de la OTAN, Oriente Medio abarca desde Marruecos hasta los Emiratos Árabes Unidos. Con la destrucción de Irak en 2003, a sabiendas de que este país no tenía responsabilidad alguna en los atentados del 11-S de 2001,[97] se pretendió tomar el control, junto con Gran Bretaña, de los recursos petrolíferos iraquíes, y, mediante la instalación de su base militar en Arabia Saudita, asegurar la vigilancia de Irán. A partir de entonces, la voluntad estadounidense de remodelar la región según sus

97. Los terroristas son nacionales de países aliados de Estados Unidos: saudíes y egipcios.

intereses se expresa en el concepto de *New Middle East*,[98] que engloba todo el mundo árabe, desde Riad hasta Rabat.

En definitiva, el fallido Proceso de Barcelona de 1995 no sólo se atribuye a la debilidad de la estructura económica del proyecto, sino, sobre todo, al estado de guerra declarado en el Mediterráneo desde 2003. Se trata de una muestra más del impacto de los conflictos geopolíticos sobre los acuerdos y proyectos comunes entre las dos orillas. Y es también una lección que a la UE le conviene incorporar a sus planes estratégicos.

LA «UNIÓN PARA EL MEDITERRÁNEO»

Precisamente, para poder dar respuesta a estas otras directrices, la Presidencia francesa de la UE, con Nicolas Sarkozy a la cabeza, fundó, en la Cumbre de París del 13 de julio de 2008, la organización intergubernamental Unión para el Mediterráneo (UpM). Su objetivo era relanzar la estrategia euromediterránea de Barcelona, pero con una hoja de ruta centrada en proyectos concretos, como los relativos a la descontaminación del Mediterráneo, a una acción conjunta para favorecer la energía solar, al establecimiento de relaciones en red, a promover una Universidad del Mediterráneo (sin la capacidad de expedir diplomas euromediterráneos), etcétera. Dicho de otro modo, encarnaba un esquema de actuación microeconómico y, en esa medida, por lo mismo que se ha señalado, la (re)iniciativa condujo también al fracaso. Sin efectos de accionamiento político, sin un proyecto global, tampoco puede afrontarse con profundidad la cuestión de la adhesión de Turquía a la Unión Europea. El mandatario francés sorteó tácticamente el problema con la exigencia de un referéndum, lo que significaba la exclusión definitiva de aquel país en Europa. Y, mientras tanto, la UpM fue destruida en sus bases por la primera guerra de Gaza entre Hamás e Israel, en

98. Es decir, «democratizar» por la fuerza a los regímenes árabes imponiendo lo que ellos llaman el «cambio de régimen».

diciembre de 2008, cuando la UE se alineó con las posiciones del Estado hebreo, como lo haría igualmente en 2023.

OTROS RUMBOS

Es, a partir de 2009, cuando la UE emprende un nuevo proyecto, bajo otro prisma: una Política Europea de Vecindad (PEV) en el Mediterráneo que aspiraba, como una huida hacia delante, a crear una «cooperación más profunda y global» con dieciséis socios en el Este y el Sur. A diferencia de la Asociación Euromediterránea de 1995 (Euromed), circunscrita exclusivamente a los vecinos del Sur, este otro mecanismo se materializó en una estrategia más amplia que se extendía ahora a los países del Este europeo. Sujeto a condiciones e instrumentos diferentes, se trataba de un plan para «estabilizar» toda la región en el ámbito político, económico y de seguridad.

La Asociación Oriental se determinó en la Cumbre del Consejo Europeo del 7 de mayo de 2009 para Bielorrusia, Moldavia, Ucrania y, en el Cáucaso meridional, Armenia, Azerbaiyán y Georgia. Su objetivo era preparar explícitamente un estatuto de *asociación* a la UE en una amplia zona de libre comercio que implicaría, a largo plazo, una Gran Política de Vecindad con Rusia. Estos países (excepto Rusia), y a diferencia de los PECO, que ya se habían integrado,[99] se hallan asociados en un espacio de expansión comercial que exige, desde el principio, la *aplicación de las normas jurídicas europeas* de cara a una futura integración en la Unión, a más largo plazo.

Ante esta maniobra de expansión del derecho de la UE, Rusia, que tomó conciencia en 2014 de la acción de la UE de penetrar en

99. PECO: países de Europa central y oriental, vinculados a la antigua URSS, que se convierten, tras su dislocación, en miembros de la Unión Europea: Bulgaria, Croacia, Estonia, Letonia, Lituania, Hungría, Polonia, Rumania, Eslovenia, Eslovaquia y República Checa.

su espacio de influencia exterior, reacciona en relación directa con el conflicto ucraniano en curso.[100] La idea que sobrevuela en Moscú es que la estrategia comercial de la UE no es más que una parte de un proyecto estadounidense global, a través de la OTAN, de relegar a Rusia.

La temporalidad del proyecto de la Política Europea de Vecindad en el Mediterráneo se precipitó con la guerra de Ucrania de 2022 y por la voluntad europea de ampliar su mercado en este país, logrando así un gran bloque estratégico frente al conjunto Rusia-China. Inevitablemente, la Gran Política de Vecindad con Rusia desaparecerá en las llamas de la invasión de Ucrania.

Como se desprende de estas líneas, la cooperación euromediterránea está marcada por la inercia de las caóticas y desbordadas relaciones geopolíticas entre las dos orillas, que dibujan un Mediterráneo al borde del colapso. En este aspecto, no se pueden olvidar otras importantes pinceladas del cuadro, siempre incompleto, de los conflictos: las revoluciones de la «primavera árabe» a partir de 2011 y, posteriormente, la guerra civil en Siria; la conquista del poder en Egipto y en Túnez por parte de los islamistas; el ascenso de los integrismos yihadistas en Siria e Irak; la destrucción-fragmentación de Libia por parte de la alianza franco-norteamericana (el mismo Sarkozy), y, por último, *last but not least*, se añade al cajón de los temores de Europa la presión masiva de las inmigraciones procedentes del África subsahariana.

Estos escenarios se suman a los provocados por las agitadas crisis económicas del Norte y del Sur y por la falta de solidaridad a lo largo de la pandemia de la covid-19, cuando los países del Sur se encontraron atados de pies y manos merced al sistema de la UE. Llamarán a las puertas de China y Rusia para velar por el abastecimiento de vacunas, como los países del África occidental.

Como si quisiera conjurar un constante mal augurio, la UE vuelve a lanzar una enésima «nueva estrategia global para la política exterior y de seguridad», una iniciativa tan programática como las

100. Véase *infra* el capítulo sobre la guerra en Ucrania.

anteriores, pero esta vez mezclando las medidas para eludir las realmente necesarias, a través de una perspectiva llamada a extenderse desde el Mediterráneo hasta Oriente Próximo y África. Retoma la línea de la «política de vecindad renovada» de antaño, y diluye el Mediterráneo en ese vasto conjunto. Aunque aboga por la aplicación del derecho internacional en los conflictos en curso, en particular entre Israel y los palestinos, la estrategia también termina enterrada en la arena, y será apartada con ocasión de la guerra de Ucrania: la nueva consigna es la de una súbita ampliación que incluya a todos los países del Este para hacer frente a Rusia. El Mediterráneo meridional y oriental ya no está en el orden del día.

CAPÍTULO 18

¿Por qué fracasa la política mediterránea europea?

EVITAR UN MEDITERRÁNEO SUR ECONÓMICAMENTE COMPETIDOR

Hay varias razones que explican estos reiterados fracasos. Enumeraré a continuación las principales.

La primera razón es estructural. En el fondo, se muestra claramente que *Europa no quiere, frente a ella, un conjunto mediterráneo del sur integrado y coherente*; procura mantener una zona dividida, no competitiva, para dominarla mejor. Otra visión sostiene, en cambio, respecto de los países del Este, que el objetivo a largo plazo es, mediante el uso de los instrumentos de adhesión a la UE, la expansión económica y comercial que los integraría en el espacio de dominación mercantil occidental. Sin embargo, estos países pronto experimentarán la misma suerte que los países europeos del Sur. Ya lo hemos subrayado:[101] la falta de convergencia de desarrollo entre Italia, España, Portugal, Grecia y los países del norte se debe a mecanismos de dominación industriales, tecnológicos, monetarios, etcétera, que especializan a los primeros en ciertas actividades para afianzar su dependencia respecto del Norte.[102] Por lo

101. Segunda parte de este libro.

102. De hecho, esta no-convergencia estructural de los países demandantes de ayuda y de financiación permanente responde a las asimetrías de competencia provocadas por el mercado único y el desarrollo desigual de la productividad del trabajo (ninguna comparación posible puede trazarse entre,

que se refiere a los países del sur mediterráneo, la cuestión central es que la UE no ceja en el empeño de especializarlos en sectores de producción de materias primas agrícolas, hidrocarburos y de transferencia de mano de obra poco o nada cualificada cuando sea necesario. A cambio de ello, exige la reducción de las aduanas de estos países para la exportación de sus mercancías.

La segunda razón del naufragio de los proyectos comunes de desarrollo apunta a su propia inoperancia. Y la tercera, y última, remite a la articulación entre la política de seguridad de la UE y la incapacidad de influir en el desarrollo de Estados de Derecho en la región. El sur del Mediterráneo representa para la UE una zona de amenazas migratorias y de oposición identitaria-religiosa, dominada por el islam, que constituye un poderoso propulsor de resistencia frente a la colonización y a las formas de aculturación que la han caracterizado. Apreciamos aquí, aunque no se reconozca, el viejo fondo cristiano que reposa en el corazón de la identidad europea (y por la que todavía se mide la influencia frente a Turquía).

Muchas otras razones se añaden a las principales, pero todas ellas confluyen, en última instancia, en la falta de voluntad político-estratégica de crear un espacio mediterráneo solidario y cooperativo.

Además, ha quedado patente que la carencia de una estrategia macroeconómica europea en el Mediterráneo pone en grave peligro la estabilidad regional. El Sur reacciona ante la falta de desarrollo, o el «mal-desarrollo», como un efecto *electroshock* sobre el Norte: migraciones anárquicas, refuerzo de la identidad, inseguridad global. De hecho, la única alianza que prevalece entre el Norte y el Sur mediterráneo es la de un consenso intereuropeo con las fuerzas dirigentes del Sur para mantener y reforzar la estabilidad de los regímenes autoritarios existentes. Respaldar poderes,

por ejemplo, Alemania y Dinamarca, por un lado, y Portugal y Grecia, por otro), agravados por el sistema de la moneda única, el euro, cuyo valor está indexado en las economías más ricas.

incluso dictatoriales, frente a poblaciones a menudo abandonadas a las predicaciones extremistas, se presta a ser, en lugar de grandes políticas comunes de desarrollo, la solución inmediata más rentable. Es cierto que los conflictos entre las élites y los pueblos de estos países son tan profundos que Europa, por su propia seguridad, no tiene alternativa. La experiencia de la «primavera árabe» ha demostrado que la democratización en el Sur genera, sobre todo, el surgimiento de fuerzas religiosas-identitarias antidemocráticas y opuestas a Occidente. Este conflicto identitario se acentúa por las desigualdades sociales y las secuelas de la memoria del pasado colonial. Entre dos males, la amenaza de desestabilización de todo el arco sur, en particular el desafío de migraciones violentas y anárquicas que resultarían inevitablemente de la llegada al poder de los islamistas, y el de la seguridad europea, la opción no se pone en duda en Europa. Elección al precio de la aceptación de un estado de crisis potencial en todos los países del sur mediterráneo, pero también al de una alianza política inevitable con sus élites dirigentes en varios ámbitos.

RELACIONES FINANCIERAS Y CORRUPCIÓN EN EL SUR

En efecto, este es el aspecto oculto de las relaciones euromediterráneas, más allá de los raquíticos proyectos oficiales comunes: los grupos económicos y financieros dirigentes de los Estados del sur mediterráneo traducen las alianzas en estrategias de «asociación» concretas con sectores privados del Norte. Dichos grupos están indirectamente vinculados a la otra orilla debido a sus inversiones en el espacio europeo y por el acceso a privilegios «excepcionales» como, por ejemplo, la obtención casi mecánica de visados de circulación entre las dos orillas, acceso a la doble pertenencia (permiso de residencia de larga duración, nacionalidad, etcétera.)

A principios de la década de 2010, se estimaba en más de trescientos mil millones de dólares el capital privado magrebí invertido en Europa. La economía magrebí anudada al sector informal, cuyos beneficios se inyectan a menudo para tales inversiones en el extranjero, supera el 60% de los ingresos de la región. Ciudades como París, Marsella, Barcelona y Roma se han convertido en auténticos paraísos para las transferencias financieras que derivan de la corrupción y de la mencionada economía informal.[103] La existencia de un Sur mediterráneo «mal-desarrollado» y estancado, como puede verse, no sólo crea desdichados allí.

Esta situación, por otra parte, no hace más que poner en evidencia el fracaso histórico, mucho más rotundo y profundo, de los países mediterráneos del sur. Mientras que Europa, después de la Segunda Guerra Mundial, toma las riendas y procura, con mayor o menor acierto, crear un espacio común de desarrollo para abordar, primero, la internacionalización de la economía mundial y, después, desde los años ochenta, la globalización neoliberal, los países del sur mediterráneo se repliegan, intentando construir Estados-nación relativamente centrados en sí mismos y, sobre todo, desde el principio, opuestos los unos a los otros.

En los años sesenta, se elaboraron e impulsaron fórmulas para aunar a todos los países árabes desde la orilla sur hasta Sudán, como el Magreb árabe, especialmente al servicio del nacionalismo procedente del Mashreq (en su versión nasseriana-egipcia o libano-siria). Pero no sobrevivieron, como tampoco el *nasserismo*, tanto por la acción de la coalición estadounidense-israelí (guerra árabe-israelí de 1967) como por sus propias contradicciones

103. El informe del Banco africano de Desarrollo de 2013 señala que el volumen de transferencias de África a Europa entre 1980 y 2009 ascendió a 1,48 billones de dólares. Es necesario añadir una cuarta parte para tener, en 2024, una idea del incremento de estas transferencias. Un experto financiero internacional en la materia, A. Mebtoul, ha afirmado que «No es Europa ni Occidente quien está ayudando a África, sino que es África, debido a la corrupción de una gran parte de sus dirigentes, la que ayuda a Europa y a Occidente. El importe de las transferencias es enorme: ¡el 90% del PIB africano!». Véase *Le Maghreb et son Nord*, Res Publica, febrero de 2014, p. 53.

internas. La idea vuelve a revitalizarse con el ambicioso proyecto «Magreb de los pueblos», que incluye a Marruecos, Túnez, Libia y Sudán, en torno al eje central fundado y cimentado por Argelia; pero se desplomará también debido a orientaciones ideológicas opuestas (capitalismo liberal *versus* socialismo de Estado) y a las alianzas internacionales de sus miembros, los unos pronorteamericanos (Marruecos y Túnez), los otros más o menos vinculados al bloque soviético a través de Argelia, Libia y Siria.

A mediados de los años setenta, la descolonización descuidada por España del Sáhara occidental favorecerá una oposición fratricida entre marroquíes y argelinos que se halla en el origen del debilitamiento del Magreb. Ambos países, que disponen de todas las condiciones para formar un polo de desarrollo potencialmente muy poderoso –una suerte de bloque franco-alemán mediterráneo–, se encuentran, desde entonces, enzarzados en un conflicto amargo, obsoleto y sin salida. Nunca se dará suficientemente cuenta y razón de las desastrosas consecuencias (económicas, políticas, estratégicas) del conflicto, que no ha generado más que un absceso venenoso entre sendos países y fracturado gravemente el Magreb en su conjunto.

De este conflicto de la orilla sur occidental del Mediterráneo se han beneficiado quienes trabajan en profundidad en las guerras intestinas y las estrategias hegemónicas de los países de la ribera oriental mediterránea, que giran en torno al eje de crisis Líbano-Jordania-Siria y que se extienden hasta Irak, pasando por el polo candente israelí y el peso pesado egipcio. Ahora, en esta región oriental que hay que desgajar del Magreb, estos países se hallan atrapados en una violenta tormenta que los conduce, asimismo, a ser excluidos, durante décadas, de la historia moderna. Para ellos, incorporarse a la modernidad del siglo XXI puede suponer una larga travesía difícil de llevar a cabo.

Los países del Magreb central, por su parte, están condenados por sus élites a mantener, en el mejor de los casos, relaciones verticales, parciales y distorsionadas con Europa, por no haber sido capaces de desarrollar relaciones horizontales positivas Sur-Sur, pese a su retórica grandilocuente y carente de sentido sobre la «fraternidad» magrebí. El futuro es, pues, particularmente preocupante. Y son estos escenarios, como hemos dicho, los que explican el temor de los países europeos y la elección de estrategias esencialmente de seguridad para protegerse de las migraciones incontroladas, de los integrismos que amenazan la cohesión nacional y de los peligros de las guerras regionales. En definitiva, se trata de un proceso histórico profundo, que remite constantemente a las relaciones conflictivas entre las dos orillas. Porque, sin duda, la cuestión del «mal-desarrollo» de la ribera sur no sólo va aparejada a los recursos cuantitativos insuficientes o, incluso, a la dificultad de inserción en la división internacional del trabajo impuesta por los países del Norte. Si se deja de lado el proceso invocado contra la herencia de Occidente («la culpa es del colonialismo»), que no es más que una hoja de parra que oculta, medio siglo después, la feroz dominación de las élites gobernantes de los países de los que hablamos, una simple mirada permitiría constatar que el Sur mediterráneo es una de las regiones más ricas del continente africano en materia energética y agrícola, y podría haber experimentado un despegue industrial excepcional en virtud del factor de trabajo flexible y de una demografía portadora de mercados solventes.

El problema está, pues, en otra parte, y discurre sobre una llamativa paradoja: mientras que las fuerzas económicas y sociales dominantes en el Norte optan, desde hace cuarenta años, por su internacionalización ideológicamente asumida por una retórica sobre el «reencuentro» europeo, las del Sur, nacidas de las independencias de los años sesenta, se enfrentan, por el contrario, a su propio proceso de formación de clases y de élites, cuyo objetivo es el acaparamiento de las riquezas nacionales y la acumulación del capital en sus manos.

Este estado de cosas conduce, desde hace más de medio siglo, a la constitución de sociedades del Sur «dualizadas», estructuralmente divididas entre capas integradas y las poblaciones mayoritarias, campesinos y obreros mantenidos en los márgenes, que sobreviven en condiciones de subdesarrollo. Una situación perfectamente visible en Egipto, Túnez y Marruecos, mientras que Argelia escapa a los efectos sociales de dicha dualización (pero no a la propia dualización) debido a la distribución no productiva de una parte de la renta petrolera a las clases marginadas.

No es de extrañar que, a pesar de las diferencias específicas de cada uno de estos países, la cuestión de la gobernabilidad política de formaciones sociales, internamente asoladas, se presente más o menos de la misma manera: ausencia de una democracia real, sistemas policiales autoritarios o potencialmente dictatoriales y, como reacción, un repliegue de las clases pobres, en lo que podría llamarse «contrasociedades», opuestas a las élites y fuerzas dirigentes. Precisamente porque estas son incapaces de crear proyectos ideológicos sociales de carácter universal que vinculen a todos los estratos de la sociedad, la conflictividad política reviste la forma de *luchas identitarias* anudadas en torno al referente, a la vez nacional y religioso, que estas mismas élites no dudan en instrumentalizar junto con los movimientos islamistas. El referente nacionalista permite a los movimientos populistas tachar de traición nacional a las élites, ahora aliadas con el antiguo colonizador; el referente religioso identitario, por su parte, reaviva el conflicto secular con Occidente (cristiano en este caso), siempre enemigo del islam.

La concentración de los principales recursos económicos en el bolsillo de las élites gobernantes impide también la rápida formación de clases intermedias. Estos sectores tardaron medio siglo en aparecer, y se asemejan más a las aristocracias obreras de los países del capitalismo avanzado que a la clase media potencialmente pequeño burguesa. Sin entrar en los detalles de estos procesos de disociación sociológica, estas capas no acceden más que muy difícilmente a posiciones de poder, se hallan, en general, circunscritas a posiciones subalternas, precarias, que pueden llevarlas a retroceder socialmente más que a progresar. Esta es una de las razones fundamentales de la voluntad de inmigrar hacia el Norte. Precisamente porque la movilidad social es extremadamente espinosa, cuando no bloqueada en virtud de sistemas políticos cerrados y no integradores, la conflictividad sociopolítica se torna potencialmente violenta. Y, como un círculo vicioso, es esta situación la que conduce, en última instancia, a sistemas de dominación autoritarios en esos países.

CAPÍTULO 19

Geopolítica de los conflictos mediterráneos

Decir que el Mediterráneo es la región de las fracturas más intensas del planeta no es una exageración retórica. Hemos hablado anteriormente del ámbito económico y de los movimientos de población, pero es la existencia de conflictos abiertos, y también letales, lo que más la caracteriza. En el Este, la hostilidad israelí-palestina se halla en el origen de la dinámica de ruptura y de beligerancia de mayor alcance. Sus coordenadas son conocidas, volveremos sobre ellas. Si bien no es la causa de todos los otros conflictos que salpican Oriente Medio, sí constituye el acelerador global: el contencioso interlibanés, la guerra civil siria, la inestabilidad iraquí (aunque este país no sea directamente mediterráneo), la expansión iraní en la región y la irrupción yemenita de los hutíes en la contienda contra Arabia Saudita están, de alguna manera, influidos por la tragedia palestina. La guerra entre Israel y el Hamás palestino, a partir de los atentados del 7 de octubre de 2023, y la respuesta genocida de Israel que ha generado millares de muertos entre la población civil (sobre todo niños y mujeres) son una muestra más (y terrible) de un Oriente Medio que seguirá sumido en un caos permanente si no se resuelve este conflicto.

UNA CONFLICTIVIDAD MEDIO-ORIENTAL LETAL

En primer plano sobresale el conflicto israelí-palestino, que no está determinado, en esencia, por la sola voluntad de los contendientes.

Si dejamos de lado todo lo relativo a su nacimiento y la postura que adopta Israel en la región, así como las consecuencias del expolio histórico del que ha sido víctima el pueblo palestino (un fondo a menudo desapercibido en el análisis), esta contienda ha materializado un cruento e irreductible pulso entre dos nacionalismos que ninguno puede ganar a largo plazo, a pesar de la palmaria desproporción de fuerzas a favor de Israel. La carga simbólica de sendos nacionalismos es realmente trascendental: el primero, judío, estimulado por el antijudaísmo milenario de la Europa cristiana, y reforzado trágicamente por el genocidio perpetrado por la Alemania nazi; el segundo, palestino, robustecido como respuesta a la colonización de judíos procedentes del mundo entero que, desde principios del siglo XX, se asentaron en el territorio de la Palestina histórica bajo la dominación inglesa, tras la destrucción del Imperio otomano. Ahora bien, fueron los estragos de la Segunda Guerra Mundial los que condujeron a Europa a tomar partido por la causa de Israel, un Estado creado sobre la base de un acuerdo entre Estados Unidos, la entonces Unión Soviética y Gran Bretaña.

El nacionalismo palestino fue, por lo tanto, derrotado desde el principio; desapareció durante una veintena de años de las pantallas de Oriente Medio antes de volver con fuerza, tras la contienda árabe-israelí de 1967, a la escena regional e internacional, pese a las ciegas y mesiánicas negaciones de Israel –«no hay un pueblo palestino», como recalcaba Golda Meir–. Se podrían dedicar páginas enteras a sostener que esta tragedia es, ante todo, identitaria, que se apoya sobre un juicio de parcialidad, porque unos y otros viven el conflicto según su pasión, en el sentido religioso del término. Detrás pervive un odio inextinguible en ambos lados.

No obstante, el bloqueo cultural y político entre ellos se anuda alrededor de una simple evidencia: a pesar de los diversos proyectos de paz, la falta de reconocimiento mutuo es la causa de una guerra que no tiene fin. La comunidad internacional, a través de la ONU, ha intentado establecer las condiciones de paz, otorgando carta de naturaleza a la premisa de dos Estados separados en territorios compartidos. Una voluntad que tropieza con un sordo Estado israelí que, desde 1948, no comparte esta solución, y con las fuerzas palestinas de orientación fundamentalista. El hecho irreductible es que el pueblo palestino está allí y nada ni nadie lo hará desaparecer. Mientras tanto, Israel no parece barajar otra alternativa que someter a los palestinos a la humillación colonial en su propia tierra para toda la eternidad y persistir en un régimen de *apartheid* para los «árabes palestinos» dentro del propio Estado israelí.

Es cierto que esta postura no representa la voluntad de toda la nación, ya que coexisten fuerzas importantes en su seno que abogan por el reconocimiento de los derechos de los palestinos e incluso por la solución de dos Estados. Pero son voces minoritarias, sofocadas por la escalada de un neofascismo identitario encarnado por Benjamin Netanyahu, un personaje que ha destruido, respaldado por Estados Unidos, las esperanzas de generaciones enteras de pacifistas israelíes. Sea como fuere, hoy se sabe –y el genocidio *de facto* perpetrado por el ejército israelí contra la población palestina en Gaza lo demuestra– que no hay otra salida que la de los dos Estados. La organización fundamentalista Hamás, hegemónica en Gaza y aliada de las facciones *yihadistas* responsables de las masacres de civiles israelíes del 7 de octubre de 2023, logró devolver al tablero de ajedrez de Oriente Medio la centralidad de la cuestión palestina, y evitó que esta se saldara con un cínico compromiso entre las monarquías árabes, ahora correligionarias de Estados Unidos e Israel. Hamás ha logrado ese objetivo al precio de una guerra que ha expuesto a decenas de miles de palestinos, sus tierras, hospitales y principales universidades, al exterminio de los bombardeos israelíes.

Después de la batalla de Gaza, que se declaró con particular virulencia en octubre de 2023, nada parece augurar una solución próxima de las hostilidades; los actores del tablero –además de Israel y los palestinos, Irán, Egipto, las monarquías feudales del golfo Arábigo, Estados Unidos y, parcialmente de ahora en adelante, Europa y Rusia– juegan cada uno atendiendo a sus propios intereses y los de sus aliados. El conflicto persiste. Y, contrariamente a lo que preconiza el catecismo de los apodados politólogos de la

Realpolitik, no es «estabilizable». Sedimentará una permanente inestabilidad hasta su resolución por la vía del derecho internacional. Porque se trata de un desafío mundial que sólo las grandes potencias pueden ayudar a solucionar imponiendo a los beligerantes condiciones de paz en el marco de Naciones Unidas. En verdad, si Israel se beneficia de la deuda histórica de la culpabilidad occidental que la sangre palestina está pagando hoy, dicho legado no puede regir eternamente ni aún menos servir para hacer olvidar los derechos legítimos del pueblo palestino, a la vista de la historia y de la legalidad internacional.

La guerra civil en Siria tampoco pertenece del todo a los sirios, en la medida en que adquiere también la naturaleza de un conflicto internacional: se hallan implicados los ejércitos de Irán, EE.UU., Rusia, Turquía e Israel. La estrategia de la UE, que es lo que aquí nos interesa, se muestra absolutamente impotente; el régimen del clan del presidente Bashar al-Asad fue condenado por crímenes de lesa humanidad contra su población civil por un tribunal alemán en enero de 2022, una condena que ha impedido su reincorporación en el juego político y diplomático de Oriente Medio. Sin embargo, el conflicto no podrá dirimirse sin un acuerdo entre los sirios, lo que significa que, sin al-Asad, y dados los apoyos de que dispone (Rusia, China, Irán y ahora la mayoría de los países árabes), no podrá alcanzarse la paz en este país. Incluso a este precio, ¿por qué la UE no adopta la misma actitud con respecto a Israel, culpable también de crímenes de guerra en Gaza? Si no hay negociaciones con el régimen sirio, que, asimismo, combatió al ISIS y al Dáesh (una grave amenaza para Oriente Medio desde el corazón mismo de Siria), no habrá «estabilización» del desafío integrista en esta región.

Como Siria, en Libia pervive un clima bélico abierto desde la «revolución de la primavera árabe», aunque radicalizado por la acción de un país miembro de la UE, Francia, que condujo al desmantelamiento del Estado, al asesinato de su presidente, Muamar el Gadafi, y a la división *de facto* del país entre tribus ferozmente opuestas por lo que respecta a la extracción de los recursos petrolíferos. Debido a la intromisión directa en el campo de batalla de países como Francia, Rusia, Estados Unidos, Turquía, Irán y Egipto, este conflicto se ha convertido también en una contienda internacional con graves repercusiones. El Estado libio, que desempeña, como Marruecos, un papel de bloqueo estratégico en el control de los flujos migratorios africanos hacia Europa, hoy en día sólo juega ese papel a cambio de la neutralización europea *in situ* entre las distintas facciones y de dinero contante y sonante destinado a las milicias mafiosas que controlan el país. ¡Otra «victoria» grandiosa de la estrategia europea en el Mediterráneo! La construcción de un Estado de Derecho en Libia es un proyecto a largo plazo que no todas las fuerzas presentes comparten. Como Turquía, a las puertas de Europa, que no tiene la intención de facilitarle la tarea en ese país.

No podemos dejar de mencionar el contencioso relacionado con el Sáhara occidental, que enfrenta a Marruecos con las poblaciones saharauis, y en el que está implicada Argelia. También en este caso podrían escribirse páginas y páginas acerca de la legitimidad de las razones respectivamente invocadas por los adversarios, pero, de hecho, el asunto espinoso ya no se reduce sólo a una cuestión de derechos históricos, sino de voluntades estatales de extensión territorial. La ONU ha definido la base jurídica de una posible solución, y mientras que Marruecos rechaza sus fundamentos, el Frente Polisario, por su parte, la acepta, pero no dispone de los medios para ejecutarla sobre el terreno. Han entrado, pues, en una espiral de bloqueo político. En realidad, sólo un acuerdo entre Marruecos y Argelia permitiría salir de esta confrontación fratricida, que además cuesta muy caro al mutuo desarrollo de estos países; hay que tener en cuenta que, por sus recursos, unidos podrían contribuir a formar una gran potencia regional en el Magreb. Lo que es cierto es que la solución no puede ser más que política, y no el resultado de una guerra ajena a la voluntad de los pueblos de la región, ni de la aceptación del desvanecimiento de poblaciones sin perspectivas. Europa haría bien en actuar de intermediaria para acercar los puntos de vista de los diferentes protagonistas.

Y, por último, está Turquía, que se encuentra en la encrucijada de un territorio en crisis potencialmente destructivo (66 conflictos rodean a este país) para el Mediterráneo y Europa. Al otro lado de su orilla norte, Turquía debe hacer frente a la tensión con Grecia a propósito de Chipre y, sobre todo, respecto a las zonas de extensión territorial marítima; tampoco es indiferente a las crisis de los países de los Balcanes; interviene indirectamente, al Este, en los márgenes de Irán e Irak por razón del Kurdistán; está vinculada a Azerbaiyán, desempeña también un papel central en los puntos conflictivos del Cáucaso y en la frontera con Ucrania; mantiene una batalla abierta con Siria, ocupando una parte de su territorio con el objetivo de controlar la guerrilla kurda; y, desde hace unos veinte años, despliega una estrategia regional que la propulsa hasta el corazón de África. Con una población de más de 88 millones de habitantes, que rozará los cien en el próximo cuarto de siglo, con un crecimiento del PIB que alcanza el 6% pese a la grave crisis económica, debida tanto al terremoto de 2022 como a los efectos de la covid-19, Turquía aplica una política de desarrollo comercial muy dinámica hacia Asia, Oriente Medio y el Magreb, y juega un papel «pivote» entre el mundo mediterráneo, el espacio euro-asiático y el mundo rusohablante. Este país se ha convertido, en definitiva, en una verdadera potencia regional.

Una vez negado el estatuto de adhesión a Turquía, la Unión Europea tiene que asumir sus encuentros cara a cara con este país en foros geopolíticos, teniendo en cuenta, además, la cuidada atención que le dispensa Estados Unidos en calidad de miembro eminente de la OTAN. El juego estratégico y táctico de Turquía es hoy polifónico, a varias bandas: se presenta como mediadora entre Rusia y Ucrania; es duramente crítica con Israel, sin que ello afecte a las relaciones comerciales entre ambos países; es una aliada vigilante y sospechosa de Rusia en Siria, y su adversaria en Libia; reprende a la UE a la vez que manifiesta la voluntad de adherirse a ella; defiende a la OTAN al tiempo que cuestiona el doble estándar de los valores occidentales, que rechaza en nombre de «valores islámicos», del mismo modo que en los años noventa el singapurense

Lee Kuan Yew formulaba un breviario de «valores asiáticos» para justificar la construcción de «democracias específicas», autoritarias, frente a la ideología occidental de los derechos humanos y de la democracia liberal.

Con todo, el desafío más complejo que Turquía afronta hoy en el Mediterráneo tiene que ver con la gestión de flujos masivos migratorios. Porque, debido a su posición geográfica en el eje de las crisis de Oriente Medio, de Asia (Afganistán, Irán), el Cáucaso (Azerbaiyán, Armenia, etcétera) y Eurorrusia, es a la vez el principal territorio receptor y la principal vía de tránsito hacia Europa. Cuenta con la mayor población de refugiados y migrantes del mundo: alrededor de unos diez millones, de los cuales, unos cuatro millones son sirios. Todas las grandes ciudades turcas acogen a cientos y decenas de miles de refugiados (Estambul, más de 300.000 en 2023, Bursa, Izmir, Konya, Ankara, etcétera), grandes afluencias que, sin embargo, no han provocado una situación insostenible en el país: en este sentido, la UE no puede darle lecciones de hospitalidad. En 2015, durante la crisis de los refugiados sirios, Turquía abrió sus fronteras cuando Europa las cerraba.

A partir del Acuerdo de la UE con Turquía el 18 de marzo de 2016, por iniciativa de la entonces mandataria alemana Angela Merkel para reubicar en territorio turco cerca de un millón de personas, la gestión de la inmigración se ha convertido en moneda de cambio para Turquía, que la ha sabido manejar desempeñando el papel de amortiguador del impacto migratorio en los puntos críticos fronterizos de Europa. Por todo ello, y desde una visión de conjunto, todo intento de marginar a Turquía estará condenado al fracaso, siempre y cuando este país mantenga en sus manos la «política de su geografía» (en los términos de Napoleón) que le posibilite ser, a la vez, un país europeo y asiático.

Si la UE quiere avanzar posiciones en el campo geopolítico, sería necesario que aclarara definitivamente su relación estratégica con Turquía y abandonara su visión, de hace casi quince años, de centinela adormecido, a la espera de un hipotético cambio de régimen más conforme a sus intereses inmediatos. Se quiera o no, el país de Recep Tayyip Erdoğan ha adquirido una renta geoestratégica de primer orden que ningún cambio interno podrá modificar, porque todo parece indicar que, de ahora en adelante, orgullosa de su identidad islámica-otomana, Turquía es una potencia sin la cual ninguna política europea de futuro en el Mediterráneo podrá ser factible.

En definitiva, todos estos conflictos abiertos describen una zona meridional y oriental mediterránea de grandes olas embravecidas, dispuestas a romper violentamente en las orillas. No hay perspectivas realistas de solución a corto y medio plazo. La inestabilidad mediterránea es, por lo tanto, un elemento estructural que debe integrarse en toda política euromediterránea solvente. Más allá de estos conflictos geopolíticos, también se prevén amenazas igualmente preocupantes relacionadas con los recursos hídricos (el petróleo azul), la contaminación, el cambio climático, la destrucción del entorno mediterráneo como consecuencia de los efectos nefastos de las industrias turísticas, las concentraciones de población excedente en el litoral, los vertidos incontrolados de barcos y otros dispositivos muy contaminantes en el corazón del *Mare Nostrum*. Este panorama global está lejos de ser excepcional y, mucho menos, tranquilizador. Pero renunciar a transformarlo es aún peor que aceptarlo como una fatalidad.

CAPÍTULO 20

Construir un futuro mediterráneo solidario

MIRAR CON LUCIDEZ LAS DEBILIDADES DEL PASADO

La primera condición para enmendar los desaciertos o despropósitos europeos en el Mediterráneo es saber identificarlos mediante la autocrítica de lo que se ha venido implementando desde 1995, y, a partir de ahí, extraer conclusiones tanto metodológicas como políticas. Como hemos señalado, las relaciones existentes entre las dos orillas mediterráneas son meramente comerciales y, más allá de un escaso impacto en el desarrollo de la región, han provocado un «maldesarrollo» en el Sur, debido a las desigualdades en las condiciones del tráfico económico. La neurosis europea respecto de los flujos de población, las migraciones y la percepción de la amenaza identitaria ligada al islam inhiben el abordaje de una política prospectiva de amplio espectro que pueda conectar a los pueblos de ambos márgenes del mar. La cosmovisión eurocéntrica occidental, pese a las diásporas históricas existentes, aleja persistentemente a los pueblos unos de otros, e incluso entorpece su integración sociocultural en el Norte. Ese eurocentrismo dominante, reforzado por las diversas adhesiones de los países del Este, trae aparejadas consecuencias negativas en la formación de afinidades compartidas con las poblaciones del Sur, por no hablar de la proliferación de populismos neofascistas en territorio europeo, que moldea abismos identitarios. Por último, el protagonismo sin cuartel del conflicto israelí-palestino y el alineamiento de la UE con las posiciones estadounidense-israelíes desencadenan sentimientos de frustración entre sendas orillas y alimentan la desconfianza política en torno a un doble rasero: el universalismo de los valores de los derechos, de la justicia y de la dignidad, proclamados por la Unión Europea en sus estatutos y en sus discursos, está marcado por el recelo, y es triste afirmar que ya nadie lo toma en serio en el sur del Mediterráneo.

Hoy la pelota puede decirse que está en el tejado de la orilla Norte. El Sur es pasivo y tampoco tiene los medios para conseguir que sus proyectos prevalezcan. La UE, que representa a veintisiete países, defiende sus intereses con una sola voz, mientras que los países del Sur y del Este del Mediterráneo negocian solos, por separado, frente a ella. La desigualdad «contractual» es aquí flagrante, y la relación, «leonina», de hecho y de derecho.

Para paliar la impotencia de un Sur estructuralmente debilitado y dividido frente a un Norte unido y dominante, no sólo se necesitan proyectos estructurales, sino que es necesario también alterar el método, es decir, reemplazar la metodología global de un Mediterráneo unido, separando las singularidades de sus flancos occidental y oriental.

Para el Mediterráneo oriental, es decir, todos los países costeros desde Siria a Egipto, es indispensable no supeditar la estrategia europea a la resolución de la cuestión palestina. Sin embargo, dada la inseguridad de esta región, es poco probable que pueda aspirarse a algo más que las simples relaciones comerciales, por no hablar del sistema de microproyectos como los que se desarrollan actualmente con Egipto. Una visión de tan corto y hasta perjudicial alcance que no tiene en cuenta que este país, como Turquía, podría ser uno de los grandes actores en el Mediterráneo. La región medio oriental registra una de las tasas de crecimiento demográfico más elevadas del mundo, que pesa y pesará sobre todas las formas de desarrollo. Pero la inseguridad, el maldesarrollo, el auge demográfico y la guerra israelí-palestina se consignan en la carta de presentación de Oriente Medio.

Esta no es la cara del Magreb. Argelia y Marruecos, aunque se encuentran en zona de alta tensión estratégica, se mantienen dentro de límites relativamente seguros. La UE debería, en el marco de una política magrebí a gran escala, trabajar por la paz y la solidaridad entre estos dos países, del mismo modo que debería optar, más allá de las relaciones estrictamente comerciales, por implementar proyectos comunes de codesarrollo en todos los sectores que se consideran esenciales: medianas empresas, industrias, infraestructuras bancarias comunes, utilización productiva de las transferencias de fondos de los inmigrantes hacia el país de origen, proyectos ecológicos comunes, uso de la energía solar, etcétera. No se trata de un plan Marshall, pero puede ser, desde luego, su crisol. El Magreb cuenta con una población de alrededor de cien millones de habitantes, y con estratos sociales dinámicos en el ámbito comercial si se les dota de los medios necesarios, élites científicas y técnicas generalmente bien formadas y una mano de obra abundante dispuesta a trabajar: todas ellas son oportunidades que favorecen el desarrollo y el codesarrollo. Europa se ha negado hasta la fecha a embarcarse en una verdadera estrategia de asociación con los países mediterráneos del Sur, y las consecuencias serán graves. China ya está entrando de lleno en el Magreb; la «ruta de la seda», de la que forman parte los puertos africanos desde hace casi diez años, llegará inevitablemente a los puertos magrebíes.

EUROPA DEBE RETOMAR LA INICIATIVA

La UE puede desempeñar un papel primordial en las políticas de cooperación y desarrollo intermagrebíes. El Magreb de la economía no es ningún espejismo: la asociación entre Argelia y Marruecos en los ámbitos del fosfato, la energía petrolera, la explotación del azufre, la política de irrigación del desierto, la agricultura, el amoniaco, la industria automovilística y de la producción de acero puede conducir a la elaboración de una cadena global de valores con efectos asombrosos.[104] Las infraestructuras Transmed y Medgaz

104. Las recomendaciones del informe del Peterson Institute for International Economics *Maghreb Regional and Global Integration: A Dream to be*

sitúan a Argelia como un sólido actor en las relaciones con Europa. Aliados, Marruecos y Argelia, apoyados por Túnez y Libia, podrían lanzar las claves del desarrollo exponencial del Magreb en todos los sectores.

Un Magreb unido podría reducir el temor de las empresas europeas a la hora de proyectar sus inversiones, ya que, hoy, las paraliza la inseguridad jurídica en el Sur y la debilidad de los sistemas bancarios; asimismo, podría ofrecer al Norte oportunidades seguras de cooperación. Lo que necesita la orilla sur mediterránea no son proyectos grandilocuentes globales, sino una estrategia realista con espíritu de responsabilidad y respeto por los intereses mutuos.

Fulfilled, de 2008, siguen siendo válidas. El objetivo es construir valor añadido en el Magreb y no convertirse en el subcontratista de bajo costo de Europa.

Séptima parte

LA GUERRA QUE EUROPA CREÍA HABER DEJADO ATRÁS

CAPÍTULO 21

Al Este, algo nuevo

La decisión de los países del Este y del Norte de establecer una alianza estructural con Estados Unidos en el seno de la OTAN es comprensible tanto por razones históricas –conflictos seculares con Rusia– como estratégicas (debilidad militar implícita frente al gigante ruso, proximidad geográfica, etcétera). Sin embargo, dicha determinación, precipitada por la invasión rusa de Ucrania, hace de Suecia, Finlandia y Letonia, al igual que Polonia, países en primera línea de fuego en el caso de un hipotético enfrentamiento nuclear con Rusia. De ellos, sólo Polonia puede convertirse, en un tiempo relativamente próximo, en una potencia militar que incluso, según sus sucesivos gobiernos, coquetea con ser el primer ejército de la UE. Sin perjuicio de los respectivos proyectos de estos países, lo cierto es que, con su entrada en la OTAN, Estados Unidos reafirma su poder dirigente de la defensa europea por mucho tiempo. Un nuevo escenario que ha impulsado a Francia, única de los veintisiete Estados miembros con armamento nuclear, a fortalecer su posición en el seno de la Alianza Atlántica; su desafío estratégico sigue siendo cómo convencer a los países recién adheridos para que custodien una visión no servil de los intereses de la UE. De ahí el proyecto de una Europa autónoma y soberana.

La pregunta acerca de lo que podría ser la construcción de una Europa soberana había sido planteada por Francia, pero sin respuestas claras. Hay que esperar a los dos discursos ya mencionados de Macron y Scholz para poner de relieve algunos datos que podrían arrojar un haz de luz. Ambos mandatarios abogan por una defensa europea, por el incremento de los presupuestos militares (hasta el 2% del PIB, según los deseos de Estados Unidos, para financiar también la OTAN) y por secundar la estrategia atlantista, es decir, norteamericana, pero con una diferencia de matiz importante: Alemania (Scholz) sostiene una *integración completa* de la defensa europea en el sistema de la OTAN, pretendiendo que este sea el escudo común de seguridad, mientras que Francia (Macron) subraya la necesidad de reforzar el poder de EE.UU. por la vía de la producción de armamento y el desarrollo de una defensa basada en la interoperabilidad entre los ejércitos europeos, lo que supondría un primer paso hacia la instauración de un ejército europeo autónomo.

Si bien los matices entre sendas posturas son numerosos, la discusión, por el momento, está en un punto muerto. La guerra en Ucrania echa por tierra cualquier predicción. Las posiciones de otros dos grandes Estados europeos, Italia y España, integrados también en el sistema de defensa atlántica, siguen en el aire, pese a que España había manifestado, desde hace tiempo, su intención de participar en todos los esfuerzos por desarrollar la cooperación multilateral en materia de defensa, o bien para avanzar hacia una defensa europea digna de ese nombre y de una UE soberana.

Sea como fuere, es preciso encarar este debate con el objetivo de avanzar hacia una Europa política que sea capaz de existir por sí misma. Porque si no se dispone de un sistema de defensa común, la política exterior está condenada al fracaso; sabemos que las directrices representadas por el Alto Comisionado para la Política Exterior y de Seguridad Común son, sobre todo, programáticas, es decir, que no sirven para marcar, de forma efectiva, el papel de la UE en las relaciones de fuerza mundiales.[105]

De hecho, no todos los Estados miembros rechazan *a priori* la idea de soberanía europea; las dudas surgen en torno a su

105. A pesar de los esfuerzos de Josep Borrell, su alto representante, quien ha dado a esta institución una presencia inédita en todos los ámbitos de conflicto mundiales.

viabilidad en el actual contexto geopolítico mundial y el desequilibrio entre las fuerzas europeas y las de los territorios potencialmente aliados o adversarios. Son muchas las cuestiones a debatir. ¿Cuál es el grado de autonomía con respecto a la OTAN y la estrategia mundial de Estados Unidos? ¿Qué posibilidades hay de establecer sistemas militares europeos interoperativos, ahora que la guerra en Ucrania pone en evidencia la dificultad de aunar culturas militares tan diferentes? ¿Cómo posicionarse de manera conjunta en las modernas tecnologías de la *ciberguerra* y cómo liberar los fondos para responder a la carrera armamentística ahora que se han suspendido los acuerdos entre Estados Unidos y Rusia para limitar la proliferación de armas estratégicas (es decir, el Tratado de Reducción de Armas Estratégicas)? ¿Qué hacer para que la guerra comercial y tecnológica actual entre China y Estados Unidos no obligue a la UE a caer incondicionalmente en manos del aliado norteamericano que le aporta su garantía militar de seguridad? Interrogantes fundamentales que ensombrecen el corazón de la soberanía europea y la autonomía estratégica.

UNA NUEVA ERA GEOPOLÍTICA

Este estado de incertidumbre acecha, en verdad, en un nuevo contexto geopolítico en el que todos los parámetros que determinaban las relaciones entre las grandes potencias han sido puestos en tela de juicio por la guerra en Ucrania. Mediante una ofensiva brutal, Rusia buscaba una resolución rápida y decisiva en febrero-marzo de 2022, que fue rechazada. Replegada ahora sobre una estrategia defensiva-ofensiva, propia de su cultura militar tradicional y que la hace imbatible, ha desgastado a Ucrania, pero también ha subestimado el alcance de su posición en la contienda. El coste de los errores estratégicos de la declaración rusa de guerra es muy elevado (sin contar las tragedias humanas): ha apresurado la adhesión al campo de la OTAN de Suecia, Finlandia y Letonia, países hasta entonces neutrales; ha devuelto la salud y una larga vida a la Alianza Atlántica, esto es, ha reforzado los intereses norteamericanos; ha impulsado a los países de la UE a movilizarse contra Rusia mediante la vía de sanciones y embargos que afectan a su economía (aunque ha conseguido soportarlos e, incluso, ha sabido utilizarlos para reorientar su sistema productivo) así como mediante el suministro de armamento, de información y capacitación del ejército ucraniano; por último, y no por ello menos importante, la invasión militar rusa ha facilitado el camino de la futura integración de Ucrania en la Unión Europea, una adhesión que aún se presentaba poco probable. Cabe añadir otro dato significativo: si Ucrania no ha recibido todavía su billete de entrada en la OTAN es porque Vladímir Putin ha esgrimido la amenaza nuclear; ello, sin embargo, no ha impedido al país invadido beneficiarse de todas sus infraestructuras, dispuestas a respaldar su resistencia. Todo un desastre estratégico para Rusia, aunque, a la larga, sea difícil vaticinar la victoria del ejército ucraniano sobre el terreno.

Ahora bien, el cambio cualitativo generado en el panorama geopolítico viene determinado esencialmente por el giro de Rusia hacia Asia, particularmente China, país del que ahora depende tanto por su solidaridad diplomática como por las ayudas que recibe, sobre todo en el plano financiero: le ha brindado un verdadero «as en la manga». Así, cuando Rusia fue expulsada, a iniciativa de la UE y EE.UU., del sistema bancario Swift –lo que supuso un grave debilitamiento de sus capacidades de comercialización y de transferencia monetaria–, China la acogió en su propio sistema de transferencias, autónomo y aún más rentable para Rusia. Tras el bloqueo en Europa, Rusia se despliega ahora en Asia, tanto como aliada de la estrategia china como, por su propia cuenta, en la India, Corea del Norte y Vietnam.

Esta gran maniobra euroasiática fue teorizada por Rusia para extenderse hasta África y América Latina, bajo el concepto, extraordinariamente eficaz, de «Sur global». Se trata de una categoría conceptual que alude a una nueva identidad geopolítica que engloba a todos los países del planeta no occidentales, que han padecido, de una manera u otra (colonización, imperialismo, neocolonialismo, explotación de materias primas, etcétera) la dominación por parte del llamado «Occidente colectivo», el cual se caracteriza por el desprecio del derecho internacional, la continuación de la dominación económica y la imposición de la fuerza para hacer prevalecer sus intereses. Estados Unidos, Canadá, Gran Bretaña y la Unión Europea representan este «pequeño Occidente» demográfico, cuyo poder estriba en el control de las principales riquezas mundiales, del dólar, de la potencia militar, etcétera. En este escenario, Rusia tiende a presentar la invasión de Ucrania como una reacción frente a ese agresivo «Occidente colectivo», que trata de instalar, a través de la OTAN, armas atómicas en sus fronteras.

Asistimos, por lo tanto, a una profunda reorientación histórica de Rusia. En la década de 1990, quiso acercarse a la UE, pero fue rechazada tanto por los europeos como por EE.UU.[106] y, en 2014, sufrió el fracaso de los Acuerdos ruso-ucranianos de Minsk; estos hitos incentivaron probablemente su decisión de cambiar de objetivo estratégico y asumir una especie de escenario de guerra fría. En realidad, contraponer los conceptos de «Sur global» y «Occidente colectivo» recuerda la antigua contraposición entre el Tercer Mundo y los países ricos, que estructuró las relaciones internacionales a partir de la Segunda Guerra Mundial y hasta finales del siglo XX. Tomar un nuevo rumbo significa para Rusia descartar toda posibilidad a corto y medio plazo de unirse, de una u otra forma, a la UE y ser consciente de que se ha abierto una nueva fractura en el mundo: ahora, los países del «Sur global», con China, son sus principales aliados. Pero aflora una gran incógnita: ¿cuál es el precio que Rusia tendrá que pagar a China para vestir el manto de una potencia euroasiática?

106. Conviene recordar aquí el discurso, en 2008, de Barack Obama, que calificó a Rusia de potencia secundaria y obsoleta, como argumento para justificar el giro de Estados Unidos hacia China, con la esperanza de hacer frente a este país o establecer un condominio con él.

Con todo, la transformación geopolítica que está experimentando Rusia inaugura un largo periodo de inestabilidad y conflictos. Y, ante esta situación, como hemos señalado, Europa está condenada a caer en las redes de Estados Unidos. El juego norteamericano –y en este contexto no hay diferencia entre demócratas y republicanos– es transparente: quiere reconstituir su hegemonía militar a través de la OTAN y que la «carga» de la seguridad en la UE recaiga sobre las espaldas de los países europeos. Pretende condicionar el hambre de seguridad en territorio de la UE, correlacionándola con los asuntos, sobre todo comerciales, que le enfrentan con Europa. Así pues, no es impensable que, en el futuro, vuelva a ponerse sobre la mesa la cuestión de una asociación euroatlántica bajo las reglas de EE.UU. (una idea que rechazó la UE en los años 2010), con el fin de crear una cadena de seguridad en la Europa del Este capaz de mantener a esos países estructuralmente dependientes en el plano militar. Son los cimientos de una poderosa base de dominación estratégica en pleno siglo XXI, que permitiría a EE.UU. controlar las futuras relaciones de los países del Este con Rusia y acentuar su influencia sobre las relaciones comerciales de la UE con China. En pocas palabras, la invasión rusa de Ucrania es un regalo de Putin –del más valioso diamante– a Estados Unidos.

China, por su parte, aprovecha la guerra en Ucrania y el cierre del espacio comercial europeo a Rusia para robustecer sus posiciones. Desde el inicio del conflicto, ha apoyado el argumentario ruso para iniciar la guerra, pero nunca ha respaldado claramente la acción de guerra como tal. Esta postura híbrida le permite continuar desarrollando sus relaciones económicas y comerciales con todos los países de la UE, protegiendo, a su vez, su estrategia de la «ruta de la seda» (*Belt and road initiative*) con la que aspira a establecer corredores comerciales de todo tipo e infraestructuras en territorio europeo para favorecer su expansión. En el contexto de la guerra que la enfrenta con Estados Unidos, China no tiene interés en el debilitamiento de Rusia; permanecerá a su lado hasta que alcance un acuerdo con Estados Unidos.

EUROPA, FRENTE A LOS GRANDES BLOQUES

Una visión de conjunto de los factores comentados plantea a la UE un serio dilema: ¿qué sistema de seguridad debe apoyar? ¿Puede sobrevivir frente a los gigantes económicos, financieros y nucleares que se han puesto en movimiento?

La situación actual hace extremadamente difícil vaticinar una respuesta. El panorama geopolítico es muy inestable, hay conflictos bélicos casi por todas partes a las puertas de Europa –en Oriente Medio, en África, en las inmediaciones de Turquía–. La UE, que se ha dedicado a extender su imperio comercial en los últimos cuarenta años, no tiene una estrategia en el Sur, ni siquiera es capaz de gestionar los flujos migratorios en sus fronteras interiores; está perdiendo terreno en África, y es sólo un «espectro» en la estrategia militar estadounidense-británica en el Indopacífico.

Ante este estado de cosas, sólo cabe barajar tableros hipotéticos: (a) si Europa decide integrarse totalmente en el sistema de defensa norteamericano, significaría su desaparición como fuerza continental; (b) si logra estructurarse políticamente y crear una defensa europea, dispondría de soberanía y autonomía estratégica, aunque es poco probable en el contexto actual, salvo para Francia en tanto que potencia nuclear; (c) puede optar, como ahora, por el fortalecimiento de las defensas nacionales. En esta última alternativa –*last but not least*–, los Estados europeos negociarían sus alianzas mediante estrategias cooperativas, lo que permitiría a los países con mayor poder medirse tanto con los enemigos como en sus relaciones con el aliado norteamericano. Alemania parece preferir este camino; y otras potencias europeas se sumarían, con los medios que les son propios, a la postura de Gran Bretaña, favorable a vincularse al sistema de EE.UU. Mientras tanto, todo está suspendido a causa de la guerra en Ucrania.

CAPÍTULO 22

Ucrania, agredida, invadida y en la tormenta

ESCENARIOS DE UNA CONTIENDA ANUNCIADA

Como se ha señalado, la invasión de Ucrania por parte de Rusia abre una era de profundas transformaciones geopolíticas que trascienden el territorio europeo hasta acentuar la ruptura, en estado latente, entre el Sur y Occidente.[107] Esta agresión sobre el pueblo ucraniano, que contraviene el derecho internacional, ha provocado el desplazamiento de cerca de diez millones de personas, una huida masiva al extranjero (unos cinco millones) y una catástrofe humanitaria y sanitaria de consecuencias imperecederas. Gran parte del país ha sido destruida y casi el 20% de su territorio está ocupado por Rusia. Más allá de la firme condena de esta invasión, y de la solidaridad con Ucrania, hay que preguntarse sobre las condiciones que han hecho posible esta tragedia.

Tres exponentes, sobre los que volveré más adelante, merecen ser destacados en una visión de conjunto.

107. En lugar de las nociones de «Sur global» y «Occidente colectivo», prefiero atenerme aquí a las nociones clásicas de Sur y Occidente, porque, dentro de cada una de estas categorías, no existe necesariamente homogeneidad de posicionamiento geopolítico y equivalencia demográfica. El Sur representa las tres cuartas partes del planeta, un dato significativo para medir la realidad geopolítica mundial frente a un Occidente en regresión demográfica (excepto en Estados Unidos).

a) Desde la descomposición de la antigua Unión Soviética, se evidencia tanto la falta de una arquitectura de defensa europea como, sobre todo, la impotencia de la UE para dotarse de una identidad política fuerte; ambas premisas han ido fortaleciendo el papel de Estados Unidos en suelo europeo a través de la OTAN, que lo ha convertido en la potencia guardiana de la seguridad, con el respaldo de la mayoría de los Estados miembros. Es precisamente esta situación la que suscitó, desde la llegada al poder de Vladímir Putin, en 2000, una reacción de inquietud, primero, abrupta e incluso violenta, después, por parte de Rusia, que reactivó el espíritu de guerra fría que se creía desaparecido.

b) Asimismo, la invasión no deja de ser una de las rémoras de la descomposición de la Rusia soviética en 1990 y de una determinada visión de la recomposición geoestratégica de la nueva Rusia. En este sentido, el despiece voluntario del antiguo Imperio soviético, realizado de forma apresurada y confusa por Borís Yeltsin y las fuerzas que le apoyaron para conquistar el poder, no llevaba implícita la base de un consenso sobre el futuro de Rusia entre las clases dirigentes, especialmente militares, y las de los servicios de seguridad.

En realidad, desde la puesta en marcha de la reforma de la *perestroika*, a mediados de los años 1980, al menos tres grandes corrientes se enfrentaban ya en el seno del Partido Comunista soviético y de la sociedad civil rusa: la línea «gorbacheviana», ampliamente dominante, defendía un acercamiento ideológico y político a la socialdemocracia europea en torno a una noción de «casa común»; muy distinta era la tendencia de corte eslavófilo y antioccidental, encarnada por el escritor ruso Aleksander Solzhenitsyn, que buscaba un retorno a la autenticidad nacional y a la ortodoxia rusa; y, por último, el eco de agrupaciones vinculadas a la esfera de los negocios, claramente pronorteamericanas, que mostraba su preferencia por una alianza estratégica y económica con Estados Unidos y Gran Bretaña[108] como vía para disuadir una deriva asiática de Rusia. Esta

108. Véase Catherine Bolton, *Les hommes de Poutine: comment le KGB s'est emparé de la Russie avant de s'attaquer à l'Ouest*, París, Gallimard, 2022.

triple visión ya se expresaba libremente antes de la deflagración del sistema. En aquel entonces, y sin riesgo de equívoco, Vladímir Putin pertenecía a la corriente de la «casa común», aunque, de forma paulatina, y también por razones que tienen que ver con la estrategia de la UE y de Estados Unidos, derivó hacia la línea eslavófila de la identidad rusa. Durante las dos últimas décadas, Putin se ha apoyado en una oligarquía de especuladores, y ha trabado una especie de estructura que se sirve del sistema opaco y autoritario existente para enriquecerse y desmantelar las bases reguladoras de la economía rusa. El caso de Yevgueny Prigozhin, fundador de la milicia Wagner y artífice de una expedición militar contra Putin, es emblemático, en ese sentido, de las extraordinarias y ásperas escaladas en el seno de la clase oligarca y de un régimen que, con los años, se ha vuelto dependiente de equilibrios inestables.

c) La contienda en Ucrania se desenvuelve en un contexto enquistado en el que ninguno de los actores, tanto internos (el Gobierno y las diversas fuerzas ucranianas enfrentadas entre sí) como externos (Rusia, Estados Unidos, Unión Europea y OTAN) controla los parámetros de la situación. Desde los años 2000 hasta el estallido del conflicto abierto con Rusia, en 2008, la Unión Europea, al igual que Estados Unidos y la OTAN con su dinámica expansionista hacia los territorios de Europa del Este, han vacilado sobre qué actitud debían adoptar frente a Putin. De este complejo escenario cabe extraer dos factores estructurales que subyacen al estallido de la guerra en su conjunto.

Desde principios de 1991, tras el Tratado de Maastricht, y, sobre todo, a partir de las ampliaciones territoriales de la UE en los años 2000, se establece, como objetivo principal, la expansión del mercado interior; y es entonces cuando se baraja asociar (y a largo plazo integrar) a Ucrania, sin tener en cuenta la complejidad que supone dicha integración en la Unión, es decir, los intereses históricos, estratégicos e incluso identitarios rusos. Esta política coincide

---

Esta obra contiene una valiosa información sobre el entorno solidario de Putin.

con la de los países del Este en el rechazo a Rusia, a la que se procura mantener alejada, no ya de una posible ampliación, sino incluso de una simple cooperación comercial estructurada en un proyecto de futuro con Europa. Como se refleja claramente en la retórica de los medios de comunicación occidentales y norteamericanos, posibilitar el acercamiento de Rusia requería, como presupuesto, un cambio de régimen, o, dicho de otra manera, la instauración de un régimen que asumiera la hegemonía de la UE en el espacio europeo, incluida Rusia. De ahí que la política de «gran vecindad» no pretendiera entonces más que conseguir que Rusia aceptara estar fuera de la esfera de influencia comercial de la UE (incluso de la política de asociación con los países mediterráneos del Sur, consagrada en el Acuerdo de Barcelona de 1995).[109]

El segundo factor está relacionado con la deriva de la OTAN y su expansión en territorio europeo. En efecto, mucho antes de su fracaso en Afganistán, la OTAN (Estados Unidos) no dejaba de adentrarse en Europa, de modo que, con respecto a la situación de 1991, sus instalaciones militares consiguen asentarse en varias decenas de miles de kilómetros más en la Europa del Este, aproximándose exponencialmente a las fronteras rusas. Putin, en su elocuente discurso de 2007, en Múnich, reitera que, como mandatario de una nación soberana, no aceptará una Rusia cercada.[110] Es precisamente en esta articulación de coordenadas donde debemos tratar de entender el conflicto. Ucrania es una parte indiscutible de la identidad rusa, cuenta con una gran población rusófila y rusoparlante,

109. Véase la sexta parte de este ensayo, Capítulo 17.

110. Conviene recordar aquí que, en los últimos quince años, la OTAN ha instalado una verdadera barrera de seguridad y de vigilancia en el flanco oeste y sur de Rusia: dispone de bases en Turquía, Grecia, Bulgaria, Rumania, Hungría, Eslovaquia, Polonia, Lituania, Letonia, Estonia y hasta Finlandia y Suecia. Es difícil imaginar, por ejemplo, que Rusia pueda tener bases en México o en los países del Caribe, pero también es cierto que tal comparación es incongruente: ¿será que EE.UU. no tiene claro, desde 1823, según el presidente Monroe, que instalarse en su zona de influencia, es decir, toda América Central y del Sur, sería un *casus belli*?

un hecho que convierte a este país en el escenario ideal de una contienda anunciada en la que, en una trama inextricable, se entrelazan consideraciones políticas, identitarias, culturales e históricas. Es un barril de pólvora en el corazón de Europa y en las fronteras de Rusia.

LECTURA INCIERTA DE LA CATÁSTROFE

No es posible hacer aquí un análisis exhaustivo de los acontecimientos que, en febrero de 2022, condujeron a la invasión en Ucrania, si bien es preciso reconocer que la atmósfera propagandística creada por los medios de comunicación y los poderes políticos, sin perjuicio de la solidaridad con el pueblo ucraniano, impiden llevar a cabo cualquier lectura rigurosa de esta catástrofe. Ardua tarea la de los historiadores, quienes, más allá de la denuncia legítima de la agresión criminal e imperialista de Vladímir Putin contra Ucrania, algún día tendrán que descifrar la arqueología de este conflicto. Sólo podemos intentar hacer un breve repaso de las distintas fases de este engranaje.

Hay que remontarse a 1990, al momento de la implosión de la URSS y del gran regateo entre los soviéticos derrotados y los norteamericanos victoriosos. Jean-Robert Raviot, profesor de historia rusa en la Universidad de París Nanterre,[111] basándose en el estudio de la politóloga estadounidense Mary Elise Sarotte,[112] trae a colación la famosa declaración que James Baker hizo, en 1990, en el seno de una cumbre a la que asistieron representantes de EE.UU.,

111. Véase Jean-Robert Raviot, *Russie: vers une nouvelle guerre froide*, París, La Documentation Française, 2016. Aquí sigo la periodización que formula en una conferencia titulada *La nouvelle guerre froide,* RESP, n. 143, 2002.

112. Mary Elise Sarotte, *Not One Inch*: *America*, *Russia, and the Making* of *Post-Cold War Stalemate*, New Haven, Yale University Press, 2022. Igualmente, el artículo de Sarrote en *Foreign Affairs* de septiembre-octubre de 2014: «What the West Really Told Moscow About Nato Expansion».

Alemania y la URSS: «La OTAN no avanzará ni un centímetro, Alemania se reunificará, se integrará en la OTAN,[113] pero –*Not One Inch!*– ¡no llegaremos más lejos!». Fue esta promesa incumplida por EE.UU., repetida ahora como una letanía por los dirigentes rusos, lo que llevó a Vladímir Putin, a partir de los años 2000, a desconfiar de los compromisos occidentales y a albergar –y alimentar– una verdadera tensión paranoica. De ahí a pensar en volver al pasado imperial sólo había un paso...

La década de 1990 marcó la instauración de un orden unipolar en las relaciones internacionales, caracterizado por el dominio indiscutible de Estados Unidos; ahí comienza la nueva política de una OTAN que se extiende hasta las fronteras de Rusia. De George Bush padre a George Bush hijo, pasando por Bill Clinton, Estados Unidos adquiere una auténtica inercia de superpotencia que le lleva a afirmar su dominio planetario sobre un mitológico «destino manifiesto» del que dice ser depositario. Bill Clinton lo transmitió con suma claridad:[114] EE. UU. ejerce una política mundial que se preocupa por el «bien» de sus aliados, pero capaz de desprenderse de todo límite cuando se trata de la defensa de sus propios intereses. Este «destino» vuelve sobre sus pasos a propósito de la política de invasión de Irak: en febrero de 1998, Madeleine Albright, representante de EE.UU. en la ONU, declaró: «Si tenemos que recurrir a la fuerza, es porque somos América; somos la nación imprescindible. Estamos alerta y vemos más lejos en el porvenir que el resto de los países, y vemos aquí el peligro para todos...».[115]

113. Acuerdo soviético-alemán de 16 de julio de 1990.

114. Véase también un excelente análisis de esta postura en Andrew Bacevich, *After Apocalypse. America's Role in a World Transformed*, Nueva York, Metropolitan Books, 2002.

115. «*If we have to use force, it is because we are America; we are the indispensable nation. We stand tall and we see further than other countries into the future, and we see the danger here to all of us*» (Entrevista, NBC-TV, 19 febrero, 1998).

Zbigniew Brzezinski, exasesor de Carter, consignó en su libro *El gran tablero mundial* una visión global de la supremacía norteamericana, consagrada a extender su dominio sobre –y con– las democracias occidentales de todo el mundo. En esta obra defendía el papel clave de Estados Unidos para fomentar la creación de un conjunto compuesto por Francia, Alemania, Polonia, ¡también Ucrania! como un escudo estratégico contra Rusia.[116]

La llegada al poder de Vladímir Putin, en la década de 2000, puede interpretarse como una reacción a la deriva de todo este estado de cosas. Putin quería asegurar las fronteras rusas y hacer de su país una nueva potencia, una vez dejada atrás la URSS. Mira hacia Occidente como órbita para negociar, siendo consciente de las necesidades de las que adolecía Rusia tras el periodo anárquico encarnado por Borís Yeltsin. Sin embargo, este tropismo hacia el Oeste no le impide desarrollar una alianza estratégica con China. Basta recordar que, en 1996, en la primera reunión de la cumbre ruso-china en Shanghái, se fundó la Organización de Cooperación de Shanghái (OCS), una herramienta que posibilitó una lenta pero persistente reorientación de Rusia hacia Asia, mucho antes del giro de Barack Obama hacia el mundo asiático en 2009. El futuro se sitúa ahora en esta región, que deviene en la zona económica de mayor crecimiento del mundo y, geográficamente, en una especie de *heartland* (corazón continental) planetario, en el sentido de Halford J. Mackinder: dispone de activos globales que definen, con un peso aún mayor, la suerte del planeta en el futuro.[117]

116. Lo llama «la columna vertebral de la seguridad europea», en *Le Grand Echiquier. L'Amérique et le reste du monde*, París, Bayard Éditions, 1997, p. 119 (trad. *El gran tablero mundial*, Barcelona, Paidós, 2013).

117. Mackinder, geógrafo-politólogo inglés, alude a la Europa central de principios del siglo XX. Es célebre su enunciado: «Quien domina la Europa del Este domina el *heartland*; quien gobierna el *heartland* domina la isla-mundo; quien gobierna la isla-mundo gobierna el mundo». La «isla-mundo» es el centro económico que estructura la economía mundial. El giro estratégico hacia Asia que, en 2009, Barack Obama emprende en la política estadounidense obedece a esta consigna: este continente es la nueva «isla-mundo».

No obstante, el enfrentamiento entre las dos antiguas superpotencias prosigue. A principios de 1999, como si se tratara de un gesto burlón dirigido a las comprometidas palabras de James Baker, y a Rusia, se inicia el procedimiento para que seis países del antiguo Pacto de Varsovia (Polonia, República Checa, Hungría y los tres Estados bálticos) entren a formar parte de la OTAN. En la primavera de 1999, en un contexto de debilitamiento de Rusia, la OTAN intervino militarmente en la crisis de Kosovo y bombardeó Belgrado, aliada de Moscú. Y, como colofón, para mostrar de qué lado sopla el viento, el 10 de diciembre de 2001, Estados Unidos abandonó oficialmente el Tratado de Misiles Antibalísticos (lo que repercutió en los acuerdos SALT I, que estaban relacionados con la limitación de armas nucleares estratégicas defensivas y ofensivas).

Mientras tanto, en la primera década de 2000, Putin tomó el control de Rusia e inició reformas de gran calado, todas ellas encaminadas a fortalecer el carácter autoritario del régimen; acabó con la oligarquía prooccidental de la era Yeltsin y dejó el campo libre a nuevos oligarcas clientelares. El éxito económico de las reformas implementadas entre 2000 y 2022 fue espectacular: en clave de poder adquisitivo, el PIB se multiplicó por 3 entre 2000 y 2010, e incluso por 4,5 a partir de entonces hasta 2022. Esta es la fuerza del régimen de Putin, y no sólo el autoritarismo vigente.

En 2003, en el seno del Consejo de Seguridad de Naciones Unidas, Rusia apoyó la amenaza de veto de Francia contra la intervención de EE.UU. en Irak y la postura de Gran Bretaña (iniciativa respaldada también por la Alemania de Schröder), e hizo creer así que los escenarios podrían revertirse mediante un contrapeso capaz de imponer límites a Estados Unidos. Fue, desde luego, un punto de inflexión. Un periodo de esperanza de contrafuerzas se abrió con Rusia, que duró hasta 2007, pero que enfrentó a la diplomacia francesa y alemana no sólo en su relación con Estados Unidos sino, sobre todo, con los países de Europa del Este, recién incorporados a la UE y hostiles a Rusia. En última instancia, las propuestas de Vladímir Putin, sin duda deseosas de ampliar la brecha abierta entre la opinión pública mundial, Francia y Alemania, y los partidarios europeos de la agresión estadounidense-británica en Irak, quedaron en papel mojado.[118]

Los verdaderos cimientos de la situación de enfrentamiento con Rusia surgen en 2004, el año de las revoluciones en Georgia (la Revolución Rosa) y Ucrania (la Revolución Naranja), que escaparán progresivamente del control de Putin. La Unión Europea, los países de Europa del Este y Estados Unidos tomaron la batuta, como actores directos o indirectos, de los conflictos que marcaron la desestabilización más grave del sistema de seguridad europeo desde la caída del muro de Berlín.

En la cumbre que se celebró en Múnich el 10 de febrero de 2007, el presidente ruso anunció, de manera contundente, su rechazo a la política de expansión de la OTAN hacia las fronteras rusas. En su discurso advirtió, asimismo, que no aceptaría un mundo unipolar, organizado únicamente en torno a los intereses occidentales liderados por EE.UU.: «Creo que la ampliación de la OTAN no tiene nada que ver con la modernización de la Alianza ni con la seguridad de Europa. Por el contrario, representa una grave provocación y reduce el nivel de confianza mutua. Tenemos legítimo derecho a preguntarnos contra quién se está llevando a cabo esta ampliación».[119]

El punto de vista de Vladímir Putin parecía estar ya firmemente consolidado; estaba convencido de que la ampliación a los territorios de la Europa del Este, bajo sus diversas vertientes (económica y militar), constituía, para la UE, EE.UU. y su brazo armado, la OTAN, una poderosa herramienta destinada a desestabilizar a Rusia. Entonces el mandatario ruso se vio atrapado en un dilema corneliano: someterse a una arquitectura de seguridad dominada por EE.UU. o bien oponerse a ella, incluso mediante la guerra.

118. Véase *infra* el testimonio de Jean-Pierre Chevènement, ex ministro de Defensa y consejero especial para Rusia del entonces presidente francés François Hollande.

119. Publicado el 16 mayo de 2022 en *Mirastnews in Europe*.

LA NUEVA GUERRA FRÍA

La situación descrita anteriormente es la piedra angular que determinará lo que podría calificarse como una «nueva Guerra Fría». En 2008, la cumbre de la OTAN en Bucarest resonó como un desafío ante la advertencia de Putin: Georgia y Ucrania, dos países fronterizos con Rusia, fueron llamados a entrar en la OTAN. La respuesta rusa no se hizo esperar: en agosto de 2008 declaró la guerra contra Georgia a propósito de Osetia del Sur. El conflicto se resolvió gracias a la enérgica actuación del entonces presidente francés Nicolas Sarkozy, en el marco del Consejo de la UE, que evitó que Georgia estallara bajo el fuego ruso. Pero el pulso del enfrentamiento ya se había activado.

La gestión internacional del movimiento de la «primavera árabe», en 2011, provocó una radicalización del enfrentamiento con Rusia tras la traición americana-francesa de la promesa dada de respetar la resolución de la ONU. Fue el mismo Sarkozy quien, esta vez en sentido contrario, impulsó la intervención en Libia, prometiendo en el Consejo de Seguridad, para eludir el veto de Rusia, *no derrocar* el régimen de Muamar el Gadafi (en aquel periodo desempeñaba un valioso papel para la UE al controlar drásticamente el flujo de migrantes subsaharianos hacia Europa), sino solo impedir la represión del pueblo sublevado. Promesa rota: la maniobra condujo finalmente a la destrucción del régimen libio y al asesinato de Gadafi, con la presunta complicidad de los servicios de inteligencia franceses. Putin, de nuevo indignado, declaró que había sido engañado. El terreno de la confrontación con Occidente se desplaza ahora al Mediterráneo. El apoyo de Rusia a la Siria de Bashar al-Asad contra Occidente fue una consecuencia directa de ello.

La primera vez que, desde la desaparición de la Unión Soviética, Estados Unidos se interpone de forma abierta en los asuntos internos rusos fue en 2012, a propósito de las manifestaciones ciudadanas que paralizaron la vida en Moscú; el embajador estadounidense, Michael McFaul, decidió recibir a una delegación de manifestantes callejeros en la embajada: era la práctica de las embajadas estadounidenses en los países afectados por la «primavera árabe». Rusia devolvió la moneda cuando intervino de forma masiva con ocasión de la primera elección de Donald Trump como presidente de Estados Unidos. La lógica de la guerra híbrida se convierte así en regla entre las dos grandes potencias.

A finales de 2013, el asunto «Maidán», un movimiento de protesta en la Plaza de la Independencia de Kiev, acabó con la destitución del presidente prorruso Víktor Yanukóvich. Este acontecimiento fue percibido por Rusia como un golpe de Estado fomentado por EE.UU. Putin respondió tomando Crimea. Aunque volveremos más adelante sobre ello, sí es posible verificar un retorno, salvando las distancias, a la situación posterior a la Guerra Fría de 1945. Son las raíces de un latente enfrentamiento indirecto, con repercusiones reales: retirada conjunta de Rusia y EE.UU. del Tratado de Fuerzas Nucleares Intermedias (INF), en 2019; revocación, en 2023, a iniciativa rusa, del Tratado de Prohibición Completa de los Ensayos Nucleares y, en un momento anterior, del Tratado de Reducción de Armas Estratégicas. En definitiva, pocos años después de la desaparición de la Unión Soviética, y justo cuando cabía imaginar el florecimiento de un nuevo periodo de paz, se abre un violento ciclo de conflictos en las relaciones entre Rusia y Europa, cuyo epicentro será la invasión de Ucrania.

La guerra, la formación de una conciencia nacional ucraniana, el renovado protagonismo del atlantismo, la derrota de la Rusia de Putin, que ha reforzado a la OTAN en lugar de debilitarla, la dependencia respecto a China, o, lo que es lo mismo, el hito del repliegue ruso hacia una identidad euroasiática como respuesta a la descentralización –inversa– de los países de Europa del Este hacia Europa occidental, están creando las condiciones de un marco de tensión continuo entre Rusia y Occidente. En un contexto que pone en tela de juicio todas las alianzas, e inaugura un periodo en el que no falta el peligro de una guerra nuclear, la invasión rusa vuelve a poner en primer plano lo que Europa creía haber dejado definitivamente atrás: la carrera por el rearme de cada país y el retorno, que el *irenismo* estratégico europeísta había ocultado en la raíz del proyecto, de los intereses nacionales.

La nueva era que ahora se abre atesora los tropismos de cada nación: el debilitamiento progresivo del equilibrio franco-alemán que había estabilizado a la UE desde principios de los años 1980, la emergencia, en la línea de Polonia, de naciones eurorientales deseosas de afirmar su independencia y su alianza privilegiada con Estados Unidos, en tanto que guardián de su seguridad.

CAPÍTULO 23

Enfrentamiento de larga duración

La invasión de Ucrania resuena en el imaginario colectivo como el cénit de la confrontación entre Rusia y, lo que Putin denominó, el «Occidente colectivo». Sin embargo, pueden barajarse otras hipótesis exegéticas, otros modos de entender una historia que ya ha cumplido más de treinta años (1990-2023). Podemos retomar un discurso centrado en la idea de un adversario ruso, Vladímir Putin, que no duda en poner en juego la seguridad del mundo para hacer prevalecer sus intereses. Toda la serie de acontecimientos que se han desencadenado puede percibirse como una suerte de reacciones y adaptaciones frente a esta amenaza; Estados Unidos, Gran Bretaña, la Unión Europea y la mayoría de los países de Europa del Este se sitúan en esta línea. No tienen apenas dificultades para justificar sus posiciones, habida cuenta de la naturaleza del régimen encabezado por el mandatario ruso.

El punto de vista ruso defiende un estado de cosas distinto. Durante al menos quince años, entre 1990 y 2005, Rusia habría buscado en vano un acuerdo con la UE; y anhelaba una coexistencia pacífica con Estados Unidos, siempre que ello no implicara debilitar su seguridad ni su condición de potencia. Pero no lo logró. Por esa razón, las medidas y acciones emprendidas han tenido la finalidad de romper el cerco que se había tejido a su alrededor. La UE, además, sabotea el acuerdo económico que Rusia había propuesto a Ucrania, y lo sustituye por un proyecto más atractivo elaborado con sus aliados antirrusos y la comunidad empresarial conservadora en ese país. Es el argumentario al que recurren Putin y la propaganda rusa, una y otra vez.[120]

UCRANIA, ENTRE LA PROPUESTA EUROPEA Y EL DEVENIR RUSO

Sea como fuere, es innegable que el clima que había brotado inquietaba a Rusia, porque, en efecto, entraban a competir dos proyectos de libre comercio: la expansión del mercado interior (europeo) sin Rusia, por un lado, y la creación, impulsada por esta, de una esfera

120. Para mostrar la tensa situación que reinaba entonces en el sistema ruso, un sagaz observador de las relaciones internacionales, Jean-Pierre Chevènement, ex ministro de Defensa francés, proporciona estos datos: «En septiembre de 2013, acompañaba (a Moscú) a Jean-Marc Ayrault, entonces primer ministro (francés), a una reunión con su homólogo ruso, Dmitri Medvédev. En 2008, cuando era presidente, Medvédev había propuesto a los europeos un acuerdo de seguridad colectiva, una propuesta que cayó en saco roto [...] y nunca se había debatido en los foros europeos. Así que me sobresalté cuando oí a Medvédev evocar, en tono dramático, el proyecto de acuerdo de asociación entre la Unión Europea y Ucrania. En medio de esta reunión, Vladímir Putin, que acababa de ser reelegido presidente, llamó a Medvédev por teléfono. Y este, a su vez, se dirigió al primer ministro francés para informarle de que Putin quería verle para hablar de este acuerdo de asociación. Putin dijo al primer ministro francés que "el asunto era extremadamente serio". Ucrania y Rusia eran dos países económicamente integrados. Un acuerdo de libre comercio separado entre la Unión Europea y Ucrania destruiría esta unidad. Había que retirar el proyecto de acuerdo de asociación y revisar el procedimiento para incluir a Rusia».

Dos meses más tarde, añade Jean-Pierre Chevènement, el 5 de mayo de 2014 en Sochi, Putin, «a quien llevé una carta de invitación de François Hollande, había visitado, me dice, Bruselas en enero. Según él, había sido tratado groseramente por el señor Barroso, entonces presidente de la Comisión Europea, y por el señor Van Rompuy, presidente del Consejo: "Métanse en sus asuntos: este acuerdo sólo concierne a la Unión Europea y a Ucrania. No concierne a Rusia"».

económica euroasiática con Ucrania, por el otro. Aunque, desde un punto de vista geoeconómico, estas dos zonas, según Rusia, podrían fusionarse «de Lisboa a Vladivostok» y generar algún día las condiciones para una firme alianza comercial entre la UE y Rusia; es una coyuntura que habría hecho posible un gran espacio comercial abierto hasta China, pero que no podía complacer a Estados Unidos ni a los círculos empresariales que velan, en la sombra, por sus intereses en el mercado europeo. Por ello, la política de asociación que la UE ofreció a Ucrania, excluyendo a Rusia, rompía esta perspectiva al separarlas radicalmente, y al pretender reorientarla exclusivamente hacia los intereses comunitarios. La finalidad de esta estrategia es palmaria: para la Comisión Europea, aceptar a Rusia bajo el estatuto de Estado asociado significaba tener que negociar con una potencia, y Ucrania, en cambio, estaba al borde de la quiebra; en definitiva, había que defender una política de ampliación únicamente dirigida a países susceptibles de ser controlados, y Rusia no reunía ese perfil.

EL FIN DE LA GUERRA, ¿UN HORIZONTE LEJANO?

El historiador del futuro podrá contarnos el trasfondo de esta ruptura de las relaciones entre Rusia y la Unión Europea; la secuencia de acontecimientos, acciones y reacciones, propuestas y manipulaciones, el juego a varias bandas en el que se encuentran involucrados los protagonistas, no siempre aparecen con claridad. No obstante, la responsabilidad última recae sobre Rusia: la invasión y destrucción de Ucrania es un crimen mayúsculo.

En los inicios del conflicto, habida cuenta de los efectos contraproducentes que entrañaría la invasión para Rusia, no faltaron observadores que afirmaron que Putin había caído burdamente en una trampa que le habían tendido sus adversarios, en primer lugar, Estados Unidos. Este punto de vista se antoja dudoso, aunque la historia atestigüe que los intereses norteamericanos nunca se han preocupado por los valores que pretenden defender o por los que transgreden en el camino. Es evidente que Rusia no aceptaría que Ucrania se comportara como un país soberano, libre para tomar sus propias decisiones, para bien o para mal. Y su relación con China, aunque este país no haya aprobado la invasión de Ucrania, tiene que ver con la amenaza que representan los planes de ampliación de la OTAN hasta las fronteras rusas.

La invasión también ha sido legitimada, más allá del periodo soviético, por un discurso que, como ha advertido en repetidas ocasiones Vladímir Putin, renueva la política imperial zarista. Ahora bien, si la formación nacional-imperial de Rusia desde el siglo XVII resulta efectivamente de su exposición a las amenazas de su entorno, tanto europeo como asiático, ¿significa hoy que debe reaccionar violando la soberanía nacional de los pueblos vecinos, en este caso, Ucrania?

Cuando la URSS se derrumbó en 1991, Occidente perdió una gran oportunidad para resolver o depurar definitivamente las relaciones potencialmente conflictivas entre Rusia y su territorio. Era la ocasión para proponerle una alianza pacífica eurorrusa en plena asociación con Estados Unidos, porque la Rusia de Borís Yeltsin, lejos de ser antiamericana, estaba totalmente dispuesta a aceptarla. Pero nada se hizo, ni por parte de Estados Unidos ni de la Unión Europea. Desde entonces, se ha producido una lenta y caótica deriva que ha desembocado en el enfrentamiento actual, cuyos beneficiarios no son, en ningún caso, los europeos.[121]

Por último, desde el ámbito geopolítico, también pueden articularse otras hipótesis explicativas sobre el desencadenamiento de la contienda. ¿Podría ser que Estados Unidos, potencia dominante pero constreñida por su debilitamiento en la globalización y por la escalada de China, intentara, a través de intermediarios europeos, doblegar a Rusia? ¿O bien querría mantener el control sobre la UE,

121. El mismo dilema se aplica a Turquía, que, tras más de sesenta años de desdenes de la UE, vuelve ahora a su imaginario imperial otomano y desafía a Europa en el Mediterráneo y África...

por ser competidora comercial y aliada no siempre fiable, y neutralizar a Rusia en la gran confrontación que ha iniciado con China? Aparentemente, cabría interpretar las estrategias de Putin como respuestas inmediatas a cada uno de los movimientos de EE.UU. y de las decisiones europeas. Pero, en realidad, Europa no cuenta para el presidente ruso, y sólo avanza al ritmo de las fichas del tablero norteamericano, experto en la práctica del *lead from behind* (liderar desde atrás). Y, en esa sintonía, justifica su posición al proclamar su voluntad de no abandonar el Este rusohablante de Ucrania, y de impedir que este país fronterizo, antiguo corazón de la identidad rusa (el «pequeño ruso» del que hablan Dostoyevski y Tolstói), se transforme en un adversario en sus propias fronteras. En una palabra, Rusia rechaza la existencia de una Ucrania independiente. El escenario está, pues, preparado.

Desde la perspectiva rusa, el ataque lanzado contra la soberanía nacional ucraniana debería haber sido, dada la desproporción de fuerzas, cuestión de pocas semanas. Sin embargo, se ha enquistado. Los rusos se hallan en un «atolladero» comparable al que vivió Estados Unidos en Vietnam. Un error colosal que, si bien no se ha traducido en una derrota militar sobre el terreno, sí ha supuesto una ruina para los intereses de Rusia a corto, medio e incluso largo plazo, poniendo contra las cuerdas el papel de líder que aspiraba a representar Putin en su defensa.

El mandatario ruso malinterpretó el debilitamiento de Estados Unidos tras el fracaso de la OTAN en Afganistán, y, aún peor, ha subestimado la voluntad de resistencia de la renacida nación ucraniana. Por primera vez en la historia de Ucrania, siempre dividida entre un nacionalismo encarnado por una extrema derecha minoritaria (que no dudó en aliarse con los nazis durante la Segunda Guerra Mundial) y una mayoría democrática no hostil a Rusia, la invasión ha conseguido aglutinar al conjunto de la nación (con excepción de las regiones rusófonas del este) contra Rusia, que hoy es el enemigo. Y si lo relacionamos con el primer error táctico señalado, Rusia ha sido testigo también de la voluntad de países vecinos o neutrales (Suecia, Finlandia, Letonia) de integrarse en la OTAN para protegerse, así como del apoyo firme de la Europa occidental a Ucrania, con el fin de no repetir la pasividad que había mostrado en el momento de la invasión de Crimea en 2014. Un verdadero regalo analgésico para EE.UU.: más aliados europeos que caen, ahora, del cielo; y unos y otros entran indirectamente en conflicto con Rusia debido al vacío financiero y el apoyo logístico a Ucrania.

El resultado de este *maremágnum* de actores, factores y estrategias es la prolongación del conflicto, incluso aunque cesen las hostilidades en el campo de batalla, porque Ucrania, respaldada por distintos flancos, no renunciará fácilmente a su integridad territorial.

Con todo, no se pueden descartar ventajas del lado ruso. Aparte del «Occidente colectivo» al que alude la propaganda rusa, el mundo no occidental no se ha unido a la causa ucraniana y la opinión pública de varios países del Sur se posiciona a favor de Rusia. El tradicional discurso de «doble rasero» de Occidente, que consiste en defender los valores de justicia e igualdad ante la ley internacional sólo cuando se trata de sus propios intereses, y olvidarlos cuando se trata de los derechos de los países no occidentales, despliega plenamente su campo de aplicación a propósito de la guerra de Ucrania. Vladímir Putin, que no es precisamente un ejemplo de defensa de los valores del Estado democrático de derecho, está utilizando con *maestría* este doble juego en su propio beneficio.

En última instancia, se ha abierto un nuevo periodo de guerras e inestabilidad en Europa. Dado que las armas nucleares son la última opción en este conflicto, ni Rusia, ni la UE, ni Estados Unidos pueden aventurar racionalmente un desenlace, lo que significa que sólo una negociación política puede conducir a su resolución, y esta no debe emprenderse en detrimento de los intereses de las víctimas: el apoyo a Ucrania debe seguir siendo incuestionable. Ucrania debe poder decidir su propio futuro por los caminos que considere más adecuados.

Octava parte

EUROPA, ENTRE EL ESTANCAMIENTO Y EL RENACIMIENTO

CAPÍTULO 24

¿Puede Europa elegir el camino del bienestar de sus ciudadanos?

LA REALIDAD CARA A CARA

La Europa neoliberal, que despegó a principios de los años 1980, discurre, sin pausa y sin brújula, haciendo un balance final –agotado– de los logros y estragos de una trayectoria que dura más de cuarenta años.

La supresión de las restricciones a la libre circulación de capitales –a partir del Acta Única– ha ido doblegando a la sociedad europea para ponerla al servicio del bienestar y la autonomía de los mercados, que, debido a las políticas de la Comisión Europea impuestas a los Estados miembros, han conseguido reducir drásticamente, en casi todas partes, las esferas no mercantilizadas relacionadas con el bien público. Su «mayor logro», con vocación de continuidad, es haber convertido la UE en el coto de caza de la mercantilización global. La consagración, grabada en piedra, de normas de clara orientación neoliberal, consensuadas en los años 1980 entre los dirigentes socialdemócratas franceses y alemanes –y respaldadas por el resto de los socios–, ha hecho *irreversible* la idea de un conjunto europeo centrado en la competencia entre territorios, el desmantelamiento del techo social, el *dumping* generalizado y la libre circulación de capitales. Altos funcionarios franceses –Delors, Chavranski, Camdessus– están en el origen de esta normalización de la globalización ultraliberal, pero no la inventaron. Es el fruto de una profunda transformación del sistema productivo mundial, de una poderosa revolución tecnológica al servicio de sus intereses, y del lema del capitalismo como horizonte aparentemente inmutable de nuestro tiempo.

El estancamiento económico, social y político, consecuencia de este modelo de integración, aflora en toda Europa.

Las decisiones adoptadas, a raíz de las sucesivas crisis del neoliberalismo, rara vez están a la altura de los perjuicios causados. Y cuando la UE, presionada por las circunstancias, encuentra una solución original que desafía los inextricables dilemas resultantes del dogma letal que ha colocado en el centro de su identidad[122] –medidas de mutualización de las deudas y flexibilización de los criterios del Pacto de Estabilidad–, surgen en su seno fuertes conflictos. Así, el compromiso alcanzado en diciembre de 2023, tras dos años de negociaciones entre los miembros de la zona euro,[123] no hace nada más que flexibilizar el plazo de retorno a las directrices restrictivas y punitivas (criminales, desde luego) del Pacto de Estabilidad.

Como la táctica del avestruz, los dirigentes europeos, que son conscientes de que el mundo ha entrado en una nueva era, siguen aferrados a los dogmas librecambistas y a la visión a corto plazo de las élites financieras, y se niegan, en definitiva, a sacar todas las consecuencias: jalonado por el impacto de las dos crisis principales

122. La «competencia libre y no falseada» y una moneda única que reproduce mecánicamente las desigualdades de desarrollo dentro de la zona monetaria.

123. Decisiones del Consejo Europeo, de 20 de diciembre de 2023, a iniciativa española, relativas a la adaptación de las normas de cumplimiento del Pacto de Estabilidad: mantenimiento de las reglas originales del Pacto, límite del 3% del déficit y deuda pública por debajo del 60% del PIB, y olvidando la inflación, que según el Pacto debe ser inferior al 1,5%, pero que hoy evoluciona en torno al 3-4%, es decir, a cargo de los consumidores en la zona euro. La buena decisión, propuesta por España desde hace más de un año, es la de la flexibilidad de la deuda, que permite una adaptación entre cuatro y siete años. Los países «frugales» sólo aceptaron esta propuesta bajo la condición de obligar a los países endeudados a alcanzar una *ratio* anual déficit-deuda de, al menos, 0,5 puntos del PIB anual. En definitiva: «Se acepta a pesar de nosotros, pero el cuchillo está sobre la mesa...».

de 2008 y 2019, un *cambio de* ciclo de la economía mundial asoma la cabeza, y parece dispuesto a transformar por entero el curso de la historia.

Tal como la impulsaron los tecnócratas y políticos franceses[124] desde sus asientos en la Comisión de Bruselas y en el BCE, la globalización neoliberal, regulada por normas que la facilitaron y blindaron (el gran legado de Jacques Delors, entre otros), es hoy tan nociva como peligrosa. Nociva porque no hace más que avivar las múltiples contradicciones que han ido acumulándose durante décadas, y peligrosa porque, aunque la mayoría de los ciudadanos se niega a caer en la demagogia antieuropea, genera elevadas dosis de descontento y decepción de una mitología europeísta desgastada hasta la médula; y, en su lugar, alberga un profundo resentimiento antielitista. Las protestas se suceden por todas partes: aquí, los «chalecos amarillos»; allí, los agricultores; en otros lugares, la victoria de los populistas antieuropeos (Italia y varios países del Este), y en todas partes, las clases medias y trabajadoras, sofocadas por las políticas de privatización, manifiestan su oposición; no se sienten protegidas, y son amargamente conscientes de que sólo queda el esqueleto de lo que fueron las conquistas sociales tradicionalmente defendidas por sus Estados-nación. Los neopopulistas surfean a sus anchas sobre las olas de este estado de ánimo, caldo de cultivo de las mayores revueltas que avanzan en una dirección distinta a las expectativas de antaño.

EL FIN DE UNA ERA

La crisis del neoliberalismo europeo no es más que una de las caras de la crisis más generalizada de la globalización mundial. Como nunca antes en la historia, se han acentuado las desigualdades, polarizado la riqueza en la economía y fragmentado las sociedades; y, como nunca antes, las angustias sociales han derivado en

124. Véase la segunda parte de este libro.

cuestiones de identidad entre individuos, clases, pueblos y naciones. La globalización «feliz» que los agentes del sistema globalizado vendieron a la opinión pública en los años 1990 se ha traducido en un doloroso relato de revueltas, conflictos, revoluciones y explosiones de identidad que es característico de nuestra época.

Desde mediados de la década de 2010, han irrumpido en escena otras coordenadas que intentan frenar el libre comercio globalizado: la emblemática oposición entre Estados Unidos y China, el desacuerdo en la Unión Europea sobre cómo dar respuesta a las exportaciones chinas, la guerra por el control de las tecnologías de última generación (microprocesadores, chips electrónicos, baterías eléctricas, etcétera), la encarnizada lucha por la gestión de las materias primas escasas (cobre, cobalto, etcétera) y, no menos importante, la imposibilidad de garantizar un funcionamiento eficaz de la OMC y el reconocimiento en su seno de una autoridad judicial legítima. Estos y otros muchos aspectos de la situación internacional actual nos hablan, en definitiva, según la mayoría de los especialistas de la economía mundial, de incipientes movimientos y tendencias hacia una «desglobalización» que pone diques a la expansión pacífica del comercio y los intercambios. El proteccionismo mundial resurge y encuentra un apoyo sólido en muchos países, en la medida en que se interpreta como una reacción nacional «salvadora» frente a procesos que están desmantelando por entero sectores de las economías nacionales. En este sentido, la retórica neoconservadora de Donald Trump no debe enmascarar el hecho de que el proteccionismo está de vuelta en todas partes; Europa, hay que decirlo claramente, sigue siendo el continente que, por razones ideológicas, se muestra más reacio a tomar decisiones estratégicas en esa dirección, salvo cuando la competencia china resulta una amenaza directa (¡ni siquiera en esta hipótesis los europeos se ponen de acuerdo para adoptar una línea común!).

Las contradicciones sociales y políticas generadas por el libre comercio desenfrenado, y falsamente controlado por un juego de normas que se dictan en su propio beneficio, están en la base del exponencial aumento de las protestas sociales y del populismo nacionalista. Al sistema neoliberal de los últimos cuarenta años le sucede hoy un caos globalizado de tipo anómico. La guerra, en el sentido militar del término, que parecía *haber desaparecido* para siempre del paisaje de los europeos, vuelve a ser una realidad desde febrero de 2022 y pone en primer plano la impotencia de una Europa consagrada, durante las últimas décadas, a la sola obsesión del *business*. Las élites dirigentes europeas, desconectadas de la realidad y a años luz del día a día de los ciudadanos, no parecen tener otro interés que perseverar en su propio ser, a la manera del *conatus* spinozista.

ABRIR EL DEBATE SOBRE LA REFORMA DE LOS TRATADOS

El giro del ciclo mundial actual impulsa a la UE a revisar el corazón de un proyecto económico encaminado a garantizar el principio de «competencia libre y no falseada». Esto es precisamente lo que hay que reconsiderar. ¿Por qué? Recordemos que, frente a la crisis de su modelo económico, Europa ya abrió en 2020 el camino de una posible respuesta: la mutualización de las deudas no sólo sirvió para salvar el conjunto de los países del Sur de Europa que se encontraban en una situación desesperada, sino para demostrar que hay también otras vías posibles que sitúen el *bien común en el centro del proyecto europeo*. Si bien es cierto que la creación de los «eurobonos» no es la panacea universal, indica, sin embargo, que bastaría con la voluntad política, y un auténtico sentido de la solidaridad, para replantear en Europa el modelo social, cuya fuerza sirviera para hacer frente a los mercados impulsados únicamente por el afán de lucro y a las élites funcionarizadas en defensa de un *mercado totalmente ultraliberal*.

En 2014, el banquero Mario Draghi, que procedía directamente de Goldman Sachs, salvó el euro mediante la aplicación de un plan de apoyo financiero a aquellos países que lo necesitaban. Eso demuestra –y no deja de ser paradójico que esta sea labor de un banquero– que cuando lo esencial está en juego, poco importa el temeroso respeto a la letra de los tratados vigentes. Draghi, como representante de un capitalismo europeo lúcido y no ideológico, actuó con una determinación y un coraje que no son propios de las élites gobernantes. Esto no significa, en absoluto, que defienda los intereses de las clases medias y trabajadoras, sino que sabe prescindir de la letra de la ley y elaborar una interpretación alternativa del derecho de la UE con la finalidad última de evitar una catástrofe global.

Por esta razón, es necesario que la Unión Europea se atreva a *abrir el debate sobre los Tratados* que la atan con la camisa de fuerza de la «competencia libre y no falseada». La alternativa debe conseguirse de manera conjunta. Hoy en día, el debate gira en torno a la revolución del modelo productivo condicionado por la transición ecológica e impulsado por políticas públicas comunes; Europa debe orientarse hacia un nuevo sistema de economía mixta, basado en un (neo)keynesianismo del siglo XXI, sin riesgo de repetir los errores del planteamiento original y conservando ciertas contribuciones positivas de cuarenta años de política neoliberal (como las relativas a las medidas contracíclicas). Esta es la vía más democrática para que la UE recobre legitimidad ante sus pueblos y ciudadanos. No lo conseguirá si se aferra al dictado de un modelo económico fallido.[125] Pues, si bien los «mercados» (¿un nuevo sujeto histórico?) no se han visto afectados en su base por las sucesivas crisis de este modelo, confirmándose la vieja tesis de Schumpeter sobre la inercia del capitalismo que avanza reinventándose a golpe de «destrucciones creadoras», no cabe obviar, de ningún modo, lo

125. El pensamiento único dominante quiere imponer la idea de que no hay alternativa al neoliberalismo. Es el conocido lema TINA (*There Is No Alternative*) de Margaret Thatcher, del FMI y de la Comisión Europea, que es más un dictado por estar exento de todo debate público sobre la adhesión a ese sistema. Como pasó con el referéndum sobre la Constitución Europea de 2005, el resultado todavía podría sorprender.

que el economista austriaco olvida: ¡quién, en última instancia, paga el precio social de los platos rotos!

El cambio de ciclo implica también, en primer lugar, una reflexión crítica del pasado para poder hacer balance de la integración europea, de sus ventajas y sus errores. ¿Se pondrán de acuerdo todos los Estados miembros en ese balance? Una vez más, la prueba será la urgencia en debatirlo. En este escenario, cobra vigencia la propuesta formulada, en los años noventa, por Jürgen Habermas, enfocada a crear un espacio de debate colectivo para hacer surgir una opinión pública europea. Hoy sólo contamos con las consultas «ciudadanas» manipuladas y financiadas por la Comisión Europea para obtener las respuestas que desea.

El debate en clave analítica y conceptual es, pues, indispensable para relanzar Europa. Apuntar esta necesidad no es jugar al mito de Casandra, sino afirmar evidencias: no hay acuerdo sobre una política exterior común, salvo que consideremos que la declaración de proclamas conciliadoras (para no oponerse a nadie) lo sea; no hay acuerdo sobre la reforma del euro (¿cómo conseguir que los países del Norte acepten un gobierno del euro?); no hay acuerdo sobre el voto por mayoría cualificada (¿cómo resolver la cuestión de la eficacia en la toma de decisiones sin poner en tela de juicio la unanimidad sobre los temas de soberanía identitaria de los Estados-nación?); no hay acuerdo sobre una Europa de varias velocidades en torno a un núcleo duro, porque la ampliación es potencialmente portadora de una especie de esclerosis que acabará asfixiando a la UE; no hay acuerdo sobre la autonomía y la soberanía europea, lo que dificulta disponer de una defensa común que no sea, como sucede hoy, la que hace de una gran necesidad medidas de pequeña virtud; no hay acuerdo sobre una Europa-potencia, porque la mayoría de los socios prefiere refugiarse bajo las alas de la OTAN; no hay acuerdo sobre las relaciones con los países del Sur global; no hay acuerdo sobre las migraciones (salvo de manera defensiva, con medidas represivas); no hay acuerdo sobre la reforma de la PAC (¿provocará la adhesión de Ucrania, gran productora de cereales, el desbarajuste del mercado agrícola europeo con consecuencias sociales costosas y desastrosas para las directrices de frugalidad?). Tampoco hay acuerdo sobre el incremento del presupuesto de la Unión, sobre el ritmo y el contenido de la transición energética, la utilización de la energía nuclear civil, la imprescindible reforma de la unión monetaria... Pero sí, en cambio, hay un mal acuerdo, insatisfactorio para los socios, alcanzado casi a hurtadillas bajo la influencia de la agresión rusa en Ucrania: la ampliación hacia otros territorios del Este[126] sólo cuenta con el beneplácito de Estados Unidos, que observa cómo sus aliados europeos entran con fuerza en el redil.

Pretender una Europa integrada a la luz de estas evidencias y condicionamientos es proclamar, de hecho, la imposibilidad del federalismo político, la parálisis confederal y prepararse para un *via crucis* que la condenaría al retorno de los nacionalismos de antaño. La alternativa a este futuro estancado pasa por relanzar un debate sobre la reforma de los Tratados constitutivos de la Unión Europea, que podría moldear la base de una construcción política de una Europa sólida, fuerte y consciente de sí misma, centrada en sus naciones y no únicamente en la economía de mercado.

Son grandes y numerosos los retos a los que se enfrenta el conjunto europeo. El primero, subestimado hasta ahora, es la dimensión *social* en la formación de la identidad europea, porque esta es la única vertiente capaz de conferir legitimidad democrática, al poner a los ciudadanos en el centro del proyecto global. En otras palabras, sin la dimensión social, la integración identitaria común, que proporciona el soporte democrático, resulta imposible. Hasta la fecha, ha sido relegada por la posición oficial de la Comisión Europea –asumida por los Estados miembros–, que ha recurrido al

126. Ningún pueblo ha sido consultado sobre las enormes consecuencias de esta ampliación hacia una Europa de los 36, que no tiene absolutamente nada que ver con la Europa de los seis, nueve, doce o diecinueve, y que es el mejor ejemplo de la falta de visión estratégica de los dirigentes actuales de la UE, que, hoy por hoy, sólo pretenden ofrecer rentabilidad a largo plazo en la bandeja de los dueños de los mercados.

principio de subsidiariedad y ha dejado en manos de las naciones resolver los graves efectos colaterales de la política neoliberal en cuanto a recortes sociales.

En muy raras ocasiones, como ocurrió con la Comisión Juncker a principios de los años noventa, a propósito de las directrices de creación de empleo de la población joven, la UE ha dado la impresión de tomarse el problema en serio. No ha planteado nada para hoy ni para el futuro. En efecto, ¿cómo puede incidir en el empleo a nivel macroeconómico cuando ha dado rienda suelta a la desindustrialización y favorecido de este modo las deslocalizaciones, o, con el pretexto de garantizar la competencia «libre y no falseada», ha censurado las subvenciones públicas a las empresas privadas nacionales que fracasan a causa del libre comercio, pero que crean numerosos puestos de trabajo? ¿Cómo crear puestos de trabajo a gran escala cuando la Comisión se opone, por ejemplo, a la fusión de Alstom y Siemens, empresas que se hallan en la cumbre de la innovación tecnológica, potencialmente líderes mundiales en sus respectivos sectores? ¿Cómo responder a la enorme necesidad de inversión en energías de bajas emisiones de carbono y en otras medidas de transición energética, cuando, al mismo tiempo, se aplica la austeridad presupuestaria? Ejemplos como estos, que podrían multiplicarse, muestran una conclusión: la cuestión social, la creación de empleo *no precario*, la innovación y la investigación no son las principales preocupaciones de la Europa neoliberal, tal y como se ha construido.

Se dice que el capital huye en cuanto se intenta orientar hacia sectores que no son inmediatamente rentables: ¡los accionistas quieren rendimientos de la inversión de, al menos, el 20 o el 25%! Esta es la única mirada indiscutible del capitalismo financiero, una «verdad» que clama a voces en la UE; una «verdad» especulativa y no creadora de valor-trabajo, que no funciona con inversores que promueven empleo, sino con accionistas rentistas, cuyos tentáculos privatizan hoy, como en el modelo norteamericano, sectores de servicios que son esenciales, como las pensiones, los hospitales y las universidades. ¿Por qué la Unión Europea no defiende a sus empleados, sus asalariados, sus trabajadores, su clase media? La respuesta es siempre la misma: esta es una tarea que corresponde al Estado-nación. Lo que no se dice es la «otra verdad», que es, en cambio, sigilosa: los dirigentes nacionales están atados de pies y manos debido a los dictados de Bruselas, a la competitividad y rentabilidad de un mercado único que no les deja margen de maniobra alguno, salvo para adoptar, en consecuencia, endebles políticas sociales.

Por otro lado, conviene responder al reto de la gobernanza institucional de Europa. Si hay un ámbito que está en el corazón del «déficit democrático», es precisamente este. Por lo tanto, en lugar de seguir apilando estructuras institucionales, unas sobre otras, sería más razonable poner punto final a esta inercia desenfrenada, esta huida hacia delante, a la grotesca batalla entre federalistas y confederalistas, a estos Horacios y Curiacios de los tiempos modernos, para poder avanzar con lo que funciona, sin prejuicios ideológicos. A falta de una futura visión política común, el modelo actual ha llegado al punto máximo de lo que se puede esperar, no da más de sí. La UE es una organización supranacional *sui generis*, una combinación de federalismo económico y confederalismo político, que no está exenta de retrocesos (véase el Brexit). En este contexto, cuando se pretenda tomar un nuevo rumbo, resultará indispensable revisar los equilibrios entre las principales formaciones institucionales comunitarias. Me limitaré a señalar aquí la relación entre las dos más importantes: la Comisión y el Consejo europeos.

Desde que Jacques Delors llegó a Bruselas, asistimos a una auténtica inversión de la perspectiva institucional en los últimos cuarenta años. La Comisión se ha independizado del control democrático de los Estados-nación, para hacer prevalecer, sobre todo, los intereses económicos transnacionales. Poner fin a esta deriva implica aferrar esta institución al control democrático, no sólo del Parlamento Europeo, sino de los Parlamentos nacionales; su derecho de iniciativa en la producción normativa debería centrarse únicamente en los grandes ejes de la cohesión europea: ¡debe dejar de generar conflictos entre los europeos por los quesos o los recipientes de aceite que prefieren! En cuanto al Consejo Europeo, seguramente por una falta de definición de fondo del «interés general europeo» consagrado en los Tratados, se halla sometido a las disposiciones de la Comisión, olvidándose de su papel de establecer objetivos, controlar, dirigir y tomar decisiones en las que la geopolítica prime tanto como la economía.

REDUCIR LAS DIVERGENCIAS DE DESARROLLO ENTRE EL SUR Y EL NORTE DE EUROPA

Más allá de las repercusiones futuras de la ampliación a 36 socios, las dos cuestiones urgentes que es imprescindible abordar, porque marcarán los años venideros, giran en torno a la moneda única y las divergencias de desarrollo entre los países de la zona euro. En cierto modo, estas cuestiones fundamentales han sido reservadas a «especialistas» que ponen en ellas el foco de alarma, mientras que los responsables políticos se han abstenido de someterlas al debate público.

En primer lugar, el euro. Más de veinte años después de su adopción y puesta en circulación, su recorrido es ambiguo y está lleno de sombras: su futuro depende menos de sí mismo que de los efectos que provoque y del entorno financiero internacional. ¿Se convertirá algún día en una moneda mundial, como el dólar, o seguirá siendo, como hoy, una especie de valor refugio, estrechamente vigilada por el poderoso Bundesbank? ¿O ninguna de las dos cosas?[127]

127. Todo parece indicar que pronto habrá, en el sistema monetario internacional, un nuevo elefante bajo la mesa, muy visible, que será probablemente una moneda enteramente dedicada al comercio entre las grandes potencias monetarias del Sur global: China, quizá la India, sin duda Rusia, Sudáfrica y Brasil. Las reglas del juego fijadas por el FMI, excesivamente favorables a los países occidentales, en particular a Estados Unidos, son ahora claramente cuestionadas por estos países. Un nuevo punto de referencia monetario común

El euro surgió como una oportunidad, con un valor por debajo del dólar, lo que prometía rentabilidad para las exportaciones europeas; pronto se convirtió en una moneda sobrevalorada, debido a la política del BCE, que actuó bajo los imperativos del Bundesbank, lo que provocó una grave crisis que estuvo a punto de hundirla durante el tsunami financiero de 2008. Desde entonces, la moneda única ha adoptado un perfil más realista que refleja mejor el estado de las economías de la UE de los diecinueve. Sin embargo, queda pendiente la reforma del tratado monetario, que, si aún no se ha llevado a cabo, es por el temor a abrir una caja de Pandora que podría destapar quién sabe qué. Ahora bien, una potencia económica y financiera que teme adaptar sus textos fundamentales a la cambiante realidad preocupa más que consuela. ¿O es preferible quedarnos estancados en los compromisos de antaño porque no hay acuerdo sobre el acervo entre los principales socios, porque unos lo consideran positivo y otros reivindican savia nueva?

En segundo lugar, las divergencias de desarrollo. En un principio, se confiaba en que las virtudes del euro crearían, por sí solas, una zona monetaria óptima que evitaría las diferencias de desarrollo entre los distintos países miembros. Este fue precisamente el discurso de su teórico principal, el economista canadiense Robert Mundell. El propio Jacques Delors, padre político de esta moneda, advertía, en el informe que elaboró con los principales gobernadores de los bancos centrales (1988-1989) y que presentó antes de la adopción del euro, que la existencia y continuidad de las divergencias constituirían un grave peligro: «Una unión monetaria que no fuera acompañada de una *convergencia suficiente* de las políticas económicas tendría pocas posibilidades de perdurar y podría perjudicar a la comunidad».

---

a todos figura en el orden del día de todas las cumbres de los BRICS desde hace diez años. El éxito de la Organización de Cooperación de Shanghái (OCS) da fe de la nueva voluntad que está tomando forma. Pero el giro será difícil, según Eswar Prassad: «Top Dollar: Why The Dominance of America's Currency Is Harder Than Ever to Overturn», en *Foreign Affairs*, julio-agosto 2024.

Ahora bien, desde hace más de veinte años, la brecha de desarrollo no ha dejado de aumentar entre los países del Norte y del Báltico, en la estela de Alemania, y del Sur europeo, el así llamado «Club med»: Italia, España, Portugal y Grecia. Francia es una especie de péndulo que oscila, en el punto medio, de un lado a otro. Entre estos dos bloques, los desajustes afectan a casi todas las vertientes fundamentales: PIB, renta per cápita, producción industrial, superávit comercial, etcétera. El incremento de las diferencias entre Alemania y Francia explican, en parte, las dificultades actuales de su relación.

Entre el Norte y el Sur de Europa, estas divergencias se han vuelto prácticamente insalvables. Encarnan la amenaza más grave para el euro en la próxima década. Porque, se mire por donde se mire el problema, siempre se llegará a la misma conclusión: los países europeos del Sur están tan sobredeterminados por su dependencia del mercado único que no es realista pretender algún día acortar el cisma que los separa de sus socios del Norte. Como he subrayado reiteradamente en este libro, los criterios de Maastricht, que permiten al BCE garantizar un tipo de interés más acorde con la riqueza de los países más desarrollados, actúan, en realidad, como puños de hierro que aplastan a los países del Sur. Italia, España, Grecia, Portugal, e incluso Francia, se encuentran estructuralmente al borde de múltiples crisis de deuda que los neutralizan gravemente. Necesitarán largos años de penurias para conseguir respetar los exigentes criterios del Pacto de Estabilidad. Y todo ello en un clima de caída del crecimiento europeo, de reiteradas recesiones (¡que ahora golpean incluso a Alemania!) y de fuertes subidas inflacionistas. La mayoría de los líderes europeos está de acuerdo en que estos criterios de convergencia presupuestaria son absurdos.[128] Pero los países del Norte, ortodoxos por su cultura económica protestante, no

128. Testimonio personal que me excusarán por invocar aquí cuando era diputado del Parlamento Europeo: el entonces presidente de la Comisión, Romano Prodi, reconoció, en una sesión en el Parlamento, que consideraba estos criterios ¡una «estupidez»!

quieren oír hablar de ningún cambio: se niegan a que el euro caiga por debajo del valor de la moneda original de cada país.

Las consecuencias políticas son terminantes: o bien se revisan las reglas del juego o estamos abocados a sufrir crisis periódicas. Es cierto que la renegociación en el Consejo Europeo de los criterios del Pacto de Estabilidad, en diciembre de 2023, aportó márgenes de «flexibilidad», sobre todo por lo que respecta a la deuda, lo que posibilitó su reducción a los países que no podían cumplir dichas directrices. Fue una decisión excelente, pero incompleta, porque no deja de ser una respuesta que reafirma la validez de los criterios de gestión que prevalecían *antes* de la crisis de la covid-19. En otras palabras, la mutualización de la deuda no es hoy una política estratégica de la UE, sino sólo coyuntural.

Esto es perfectamente comprensible desde la óptica de los intereses *nacionales* de los países «frugales» del Norte, pero es una espada de Damocles sobre las cabezas de los del Sur. Así pues, se evidencia una deficiencia estructural fundamental que, tarde o temprano, acabará por derrumbarse. Sólo a través de la gestión financiera y política de la eurozona, y de la intervención en la orientación del BCE, en función del estado real de las economías implicadas, podrán resolverse tales dificultades. ¡Pero aquí también tropezaremos con la reacción *nacional* de los países «frugales», para quienes la cuestión de la independencia del BCE respecto de los gobiernos es tan sagrada como el dogma de la Santísima Trinidad para los católicos![129]

Como alternativa, se apostaba por la libre circulación de capitales dentro de la zona euro porque, al favorecer las inversiones, tendría un efecto de despegue sobre los países receptores de las mismas. Pero también es una cuestión de fe. Desde 2010, los dos

129. En su sentencia de 5 de mayo de 2020, el Tribunal Constitucional alemán volvió a reiterar con detalle este punto, a propósito de la denuncia presentada por particulares sobre los excesivos poderes (*ultra vires*) que el TJUE y el BCE se otorgan en materia de financiación de la deuda de las economías nacionales.

principales países con superávit –Alemania y Países Bajos– han dejado prácticamente de transferir sus excedentes de ahorro a la zona euro: prefieren invertir en el resto del mundo, menoscabando así el crecimiento intrazonal.

Otra solución que se había barajado se articula sobre la idea de una unificación mecánica del mercado laboral europeo. Sin embargo, la divergencia entre los costes salariales de España, Italia y Francia, en contraste con los de Alemania, aumentaría rápidamente. Y es una encerrona porque no se puede decretar una devaluación monetaria si no se traduce en una devaluación interna *encubierta*, es decir, si no se reducen aún más los salarios, el techo de protección social, en definitiva, si no se derriban las bases del derecho del trabajo y el empleo no precario.

UN GOBIERNO POLÍTICO DE LA ZONA EURO...

Esta situación global perjudica a Europa. Con todo, la única respuesta factible para sortear el abismo requiere reformas de fondo: completar el mercado interior con un *Gobierno europeo de la zona euro;* aumentar el presupuesto común y los fondos estructurales para los países del Sur en los próximos diez años, con el fin de restablecer el equilibrio; mutualizar o deducir del cálculo del déficit una parte de las deudas nacionales resultantes de inversiones públicas (en sanidad, educación y vivienda); emprender una gran política europea de investigación y desarrollo, etcétera. Y urge, *como mínimo*, (a) coordinar políticas fiscales comunes para eliminar las diferencias estructurales, (b) invertir conjuntamente en grandes proyectos industriales europeos, y (c) crear mecanismos equitativos de garantía de reparto de riesgos para facilitar la movilidad de capitales e incentivar las inversiones en el interior de la zona euro.

... Y UNA EUROPA SOCIAL, AGENTE ESTRATÉGICA DEL DESARROLLO

En el marco de la competitividad mundial, la UE tampoco se vale de los medios necesarios para beneficiarse del enorme efecto multiplicador (gracias a la virtualidad combinada de los conocimientos y técnicas de los países europeos) que podría aportar una política común de investigación-desarrollo-innovación en sectores clave como la inteligencia artificial, la industria armamentística o el ciberespacio. Este es un reto crucial para enfrentarse a la nueva civilización tecnológica, que avanza a un ritmo vertiginoso: un polo europeo de I+D+i, financiado por los Estados miembros y por el presupuesto europeo, o deducido de las reglas de cálculo de los déficits presupuestarios, es una premisa para la configuración de una Europa orientada hacia el progreso.

El «interés general» empieza por la creación de un efectivo sector público europeo. Es una consigna vital. Y es la *conditio sine qua non* de una Europa social, porque, de lo contrario, seguirán desarrollándose agresivas privatizaciones de los bienes y servicios públicos. Frente a quienes piensan que la Europa social se reduce a un «pilar-marketing», como propone Ursula von der Leyen (Pilar Europeo de Derechos Sociales),[130] la creación de políticas públicas europeas es la principal premisa. No puede ser el resultado del principio sacralizado de la «competencia libre y no falseada», que es antagónica. El interés general presupone, por tanto, implementar una política económica que proteja el sector público, que introduzca *desigualdades* en beneficio de lo público, frente a un sector privado

130. Comunicación de la Comisión al Parlamento Europeo, al Consejo, al Comité Económico y Social Europeo y al Comité de las Regiones, de 4-3-2021. En el programa de trabajo de 2024 de la Comisión Europea se propone, como «ambición para 2030», una Europa social fuerte, pero sin revisar el concepto base de «economía competitiva», bajo la cuerda neoliberal de la competencia libre y no falseada.

condicionado por la competencia de capitales. Los últimos cuarenta años han demostrado que la Comisión de Bruselas se ha servido de la complicidad de los Estados-nación para imponer la visión de una sociedad europea sometida exclusivamente al imperio de la competencia. El balance, en términos económicos y sociales, es globalmente negativo, en comparación con la situación de países europeos no pertenecientes a la UE, como Suiza, Suecia o Noruega: crecimiento deprimido, desempleo estructural en espiral descendente, pérdida de puntos en el comercio mundial, etcétera.

Sin embargo, los Estados-nación europeos, precisamente porque son responsables de la legitimidad democrática y están obligados a rendir cuentas regularmente a sus pueblos, han sido los únicos que han financiado, *fuera* de la política comunitaria –y a pesar de ella–, los sectores que han conseguido logros estratégicos europeos: Airbus, Ariane, transición energética, baterías eléctricas, etcétera. Se trata de políticas estatales-nacionales comunes y cooperativas. El acoplamiento de lo público y lo privado, el conjugar la política de integración y la cooperación intergubernamental, es el camino que posibilitaría que la UE se convierta en un agente estratégico mundial. Esto no significa, ni mucho menos, que haya que prescindir de la Comisión de Bruselas, sino que, mediante el reequilibrio de los ejes del proyecto europeo, esta deberá vincular sus funciones, competencias y grandes recursos al servicio del bienestar de los ciudadanos de la Unión. Debe dejar de ser, de una vez, la voz almibarada de los círculos empresariales transnacionales.

En la misma línea, ante el estado de estancamiento del productivismo industrial centrado esencialmente en el beneficio, la Unión Europea ya no puede esquivar la cuestión de fondo de un nuevo modelo de transición industrial y energética que apueste por el bien público. La opinión pública europea, los jóvenes, las empresas nacionales, el cambio climático y las enfermedades relacionadas con la contaminación reclaman soluciones urgentes, que a menudo son comprendidas – y prometidas– por los dirigentes europeos, pero que pasan a un segundo plano en cuanto se disparan el déficit y la deuda.

Europa debe apostar también por la creación de grandes «campeones» industriales ecológicos y energéticos, y financiar, si es necesario, déficits, como ha hecho el programa de estímulo verde adoptado por el entonces presidente Joe Biden.[131] Siempre se dirá, como respuesta, que EE.UU. puede permitírselo porque no tiene que preocuparse por la estabilidad del dólar, una moneda mundial flotante en su propio beneficio. También el euro podría haber sido una moneda mundial, ¡ese fue uno de sus objetivos iniciales! Afortunadamente para el pueblo estadounidense, la Reserva Federal no aplica los mismos criterios encorsetados del Bundesbank y el BCE. La moneda europea debería servir a un nuevo modelo de desarrollo ecológico y social, y no, como hasta hoy, para reforzar la especulación financiera.

LA LLAMADA DEL SUR

Tampoco Europa debe perder de vista el «Sur global», autodenominado así en contraposición al «Occidente colectivo», del que Europa forma parte. Desde principios de los años noventa y la desaparición de la Unión Soviética, la única obsesión de Europa ha sido crear las condiciones de un nuevo capitalismo posnacional, capaz de orientar el mercado interior hacia el Este. Esta idea sería

131. El 16 de agosto de 2022, Joe Biden impulsó un ejemplar plan de inversión en clima y salud (*Inflation Reduction Act*), de 370.000 millones de dólares (unos 360 mil millones de euros), para paliar las desigualdades en el acceso a la sanidad y combatir el calentamiento global. Es la mayor inversión jamás realizada en Estados Unidos en la lucha contra el cambio climático. Está financiada por el Gobierno federal, pero establece un impuesto del 15% a todas las empresas privadas con ingresos anuales superiores a mil millones de dólares. Esto reportará al gobierno federal ¡258.000 millones de dólares en los próximos diez años! «Un país puede transformarse. Eso es lo que está ocurriendo hoy», dijo el expresidente norteamericano. La Comisión Europea, tradicionalmente tan próxima a Washington, debería reflexionar –y predicar– con este ejemplo.

comprensible, incluso si el conjunto europeo, esencialmente mercantil, avanzara enmascarado tras la fórmula farisaica de unificar la «familia europea». Pero el Sur constituye la frontera inmediata de Europa y plantea grandes interrogantes que hoy retornan, como un *boomerang*, sobre la faz de la Unión Europea.

Pobreza, crecimiento demográfico exponencial a unos cientos de kilómetros de las costas europeas, jóvenes dispuestos a cruzar fronteras espinosas, incluso a enfrentarse a la muerte en los mares y desiertos de tránsito, fascinación irrefrenable por el modelo de consumo occidental, aspiraciones de libertad, y culturas y lenguas a menudo compartidas (no es el caso de los países de Europa del Este), todos son desafíos, concentrados en el Mediterráneo, que recuerdan, día a día, el ideario de una Europa-fortaleza, incapaz, pero, sobre todo, carente de voluntad para gestionarlos en beneficio de todos. Es evidente que no se puede responder a estos retos abriendo, sin más, las fronteras de par en par, sino mediante la aplicación de una política de regulación de los flujos migratorios, organizada conjuntamente con los países de origen. Ahora bien, una política europea eficaz en este ámbito requiere invertir en grandes proyectos de desarrollo macroeconómico con esos terceros países. Se trata de la *conditio sine qua non* para la estabilización de las poblaciones en sus respectivos territorios.

China se ha embarcado en vastos proyectos de desarrollo con los países africanos, aunque se beneficie más que ellos, pero lo hace con el apoyo de las poblaciones y los regímenes existentes. No da lecciones, ni las impone, trabaja con el mundo tal como es, porque tiene, como Estados Unidos, una estrategia mundial: su visión es de largo alcance. ¿No debería hacer lo mismo Europa, que no colonizó el continente sin dejar huellas indelebles de un enorme resentimiento que estalla al menor motivo? ¿No habría que proponer una gran alianza solidaria con el Sur para responder a los retos del presente y del futuro? Economías complementarias, desarrollo, iniciativa empresarial y codesarrollo entre las naciones, mercados abiertos, migraciones organizadas, un orden internacional cooperativo: Europa podría contribuir al nacimiento de una civilización de paz con el continente africano, que, siguiendo la estela de China y la India, será la mayor potencia demográfica del mundo a finales del siglo XXI.

Hay que reafirmarlo siempre que sea necesario: la Unión Europea no es un proyecto de reencuentro cultural, étnico y religioso entre europeos. Este punto de vista, que reaviva hoy el retorno de los identitarismos excluyentes respecto de las poblaciones del Sur, es incompatible con el sentido profundo de los valores heredados de la Ilustración europea. Europa es una apuesta humana, social y política. Se puede ganar o perder. Se ganará si Europa decide hacer del Sur su aliado y no su vecino amenazante. Cuarenta años después de que dirigiera su atención principalmente hacia el Este, se han ido acumulando numerosos desafíos en el Sur. No se deben sólo al contexto geopolítico actual, a la guerra en Ucrania, a Oriente Medio o a la competencia antagónica entre Estados Unidos y China, ni siquiera al caos resultante de la globalización en crisis. Muestran, sobre todo, las debilidades intrínsecas del proyecto europeo, concebido para fabricar una Unión «entre-sí-misma», «entre-nosotros», que da la espalda al resto de la humanidad. Y, sin embargo, África es una larga y muy extensa parte de la historia europea. No saldrá tan fácilmente de ella.

Epílogo

Hacer balance de este largo recorrido de cuarenta años de la Unión Europea sirve también para traer a colación los grandes hitos, logros y avances que han justificado su existencia como tal. El mercado único ha unificado, sin precedentes, los hábitos y costumbres de los pueblos, y ha destruido ciertas especificidades locales para crear, en su lugar, un espacio común de intercambio comercial excepcional; la implantación y la circulación de una moneda europea, si bien ha acentuado las desigualdades entre los países ricos y los menos ricos de Europa, ha reforzado también la resistencia a las crisis monetarias mundiales endémicas; los fondos estructurales y de cohesión social, que han repercutido positivamente en los países del Sur de Europa y en Irlanda, han posibilitado modernizar las infraestructuras de las sociedades y, no menos importante, alumbrar también la idea de solidaridad intereuropea, aunque sólo exista en un estado incipiente; la libertad de circulación de personas, un hito que abre las fronteras interiores, no ha colmado, sin embargo, las expectativas de facilitar el desplazamiento del factor de empleo en toda Europa; los programas comunes –desde Erasmus a la investigación espacial y los programas de cooperación militar– ya forman parte intrínseca del paisaje del conjunto europeo, aunque la idea de una defensa común esté aún por definir; por último, la potencia comercial de la Unión Europea se ha convertido en una referencia a escala mundial. Estos y otros logros y avances identifican una Europa que existe más que simbólicamente en el mundo. Y, si se mira la historia moderna europea, estos hitos han tenido lugar en poco espacio de tiempo, y han fluido sin solución de continuidad y sin la violencia del pasado entre los Estados-nación implicados. En ese sentido, la idea europea se antojaba adecuada y necesaria a los tiempos que la vieron nacer.

El balance general es, sin embargo, dispar, y presenta múltiples aristas. Los puntos débiles, las deficiencias, las carencias y los asuntos pendientes están a la altura de lo que el proyecto europeo pone en juego: son sociales, políticos y estratégicos. Las desigualdades siguen erosionando las sociedades europeas; las capas sociales cada vez más importantes no comprenden ni aciertan a saber en qué consiste la finalidad de la integración europea. Estos aspectos tan cruciales tienen que ver con la principal deficiencia, casi una tara de nacimiento de la construcción europea: ha sido y sigue siendo un asunto en manos de élites dirigentes, de *businessmen*, y políticos, a menudo alejados y desconectados de las realidades sociales y humanas de los pueblos que la constituyen. Hoy, la UE representa una Europa que no puede responder a los desafíos del mundo, ni a las graves repercusiones ni desgastes sociales del modelo neoliberal (agotado) que nutre su sistema; hoy, reaparecen ante sus propios ojos, y en su seno, las peores pesadillas que prometió cortar de raíz: el populismo nacionalista, la extrema derecha excluyente, el egoísmo, la guerra a sus puertas... En una palabra, un escepticismo amargo está adquiriendo protagonismo en Europa, la fe en otro modelo alternativo de cohesión social se disipa, probablemente porque ha quedado siempre fuera del debate público. Las elecciones al Parlamento Europeo están mostrando, además del aumento de la abstención, la escalada irrefrenable de la extrema derecha europea, una latente lengua de fuego que la estrategia neoliberal ha favorecido objetivamente desde hace cuarenta años.

EUROPA, EN BUSCA DE SU SENTIDO

Es hora de decirlo claramente, a riesgo de incomodar la conciencia de los biempensantes, que, sin duda, los hay: Europa ya no tiene brújula, no sabe adónde va, ni siquiera es consciente de que necesita reencontrar un *sentido*, una identidad centrada en el porvenir. Este *sentido* no puede colmarse con la Europa comercial y mercantil, y, menos aún, con la sola Europa del euro, que es la semántica de la «zona euro». *El sentido es la identidad histórica presente y futura que Europa desea encarnar en el mundo*. Precisamente fue la búsqueda del *sentido* lo que impulsó a los fundadores a construir el conjunto europeo. Querían una Unión que fuera más allá de las divergencias de intereses; creían entonces que sólo con la vertiente económica podrían crear las condiciones idóneas para un posterior avance hacia un proyecto político y la fusión federal de los Estados-nación. Pero la historia no es tan maleable: ese *sorpasso* cualitativo no puede producirse de forma innata, a la manera de la evolución darwiniana. Por el contrario, hace falta un proyecto nuevo, en clave política, que no vacile a la hora de cuestionar y replantear el modelo económico que sirvió de base al anterior, incluso rechazarlo, si es preciso. ¿Por qué? Porque la economía no es un ente abstracto, sino una estructura que obedece a determinadas y definidas relaciones de fuerza y que, por lo tanto, no beneficia a todos del mismo modo. En pocas palabras, el neoliberalismo europeo favorece principalmente a las élites comerciales, financieras y capitalistas dominantes, no a la totalidad de las poblaciones. Y si esto no se entiende, será difícil comprender por qué aumentan las protestas populares, las revueltas y, sobre todo, los repliegues nacionalistas en casi toda Europa.

Bajo estas premisas, repensar su sentido significa definir un proyecto colectivo que vaya más allá de la economía. No se trata sólo de orientarse hacia la defensa formal de la democracia pluralista y liberal, que, dentro del Estado de Derecho, es un método de gestión de la conflictividad social, sino de encarnar el significado de un proyecto social, una propuesta diferente en la medida en que sea capaz de garantizar el bienestar de las poblaciones. Este proyecto tenía nombre propio, antes de que fuera primero edulcorado con otros nombres vacuos y después diluido por los mismos que pretendían llevarlo a cabo: el socialismo democrático, es decir, una sociedad emancipada en la vida cotidiana y que hace del reconocimiento y ejercicio de las libertades el objetivo del desarrollo de las personas. Este programa, humano y cultural, se ha visto seriamente desbaratado por la explotación económica, por el eje de la rentabilidad económica del individuo al servicio de la emancipación del mercado, y por el proceso de destrucción del medio ambiente que el actual sistema neoliberal siembra y propaga, sin preocuparse –más allá de los «efectos placebo» que brinda en ocasiones– por los daños que causa. Se trata de un sistema que conlleva un síndrome castrador en las mismas raíces de la emancipación humana, que cercena sus posibilidades de progreso e intoxica su relación con la naturaleza que la envuelve.

El futuro de la construcción europea se debate, pues, entre las fuerzas progresistas y los partidarios del estancamiento social, representados por la ultraderecha, que ha conseguido imponer su retórica a sectores cada vez más importantes de la derecha conservadora. Mientras las actuales corrientes progresistas europeas no asuman la responsabilidad de proponer un proyecto posneoliberal que garantice la integración efectiva de los ciudadanos en el mismo, el futuro de la Unión Europea seguirá siendo un asunto farisaico que subyace en la resignación, en la parálisis, y no la voz de una Europa democrática y social. En sus manos está superar la encrucijada y apostar por esa idea de progreso emancipador.

Sin embargo, tras los comicios europeos de 2024, el programa oficial de trabajo de la Comisión,[132] pensado para la Agenda de 2030, es una hoja de ruta que continúa anclada en la misma estrategia macroeconómica, sin revisar el concepto de base, neoliberal, de la competencia «libre y no falseada». Y, bajo la presidencia por

132. Quiero agradecer a la profesora Esther Pomares Cintas su ayuda en la elaboración de esta síntesis del nuevo Programa de la UE.

segunda vez de la conservadora Ursula von der Leyen, sin barajar ninguna posibilidad –de fondo– de una Europa social.

Bajo ese ideario se filtra el Pacto Verde Europeo, con el fin de hacer frente al cambio climático: una reindustrialización centrada en el cambio de modelo energético (mediante el impulso de la financiación privada y el aumento de la capacidad de inversión a largo plazo de las aseguradoras), y un programa que reduce el reto de la biodiversidad a un diálogo estratégico sobre el futuro de la agricultura en la UE. Al mismo tiempo, junto a la transformación ecológica de perfil bajo, se menciona la adaptación, esperemos exitosa, a la revolución digital y la inteligencia artificial.

De otro lado, la necesidad de abordar la escasez de mano de obra y de cualificaciones también son cuestiones esenciales del programa; sin embargo, se observa la nota disonante de promover un emergente modelo de negocio que perpetúa el paradigma de una Europa asentada sobre una «economía de servicios» y empleo precario: las empresas de plataformas digitales de trabajo constituyen un sector de prestación de servicios de *baja cualificación y con una elevada rotación de personal*, como las que organizan la actividad de los repartidores de alimentos y comidas o de paquetería a domicilio (*riders*). Es un modelo que facilita «un alto nivel de heterogeneidad [...], así como [...] los perfiles de las personas» trabajadoras, pues abarca «una amplia variedad de sectores».[133] Eso significa que el pragmatismo, la eficiencia y el abaratamiento de costes siguen siendo las claves: la utilización de inteligencia artificial a través del juego de algoritmos es un método para conseguir la ecuación de máximo rendimiento con un menor coste y de la forma más flexible posible.

Este enfoque tecnológico se extiende también a la gestión de la inmigración a través de la promoción de lo que se ha denominado «nuestro modo de vida europeo». El Nuevo Pacto sobre Migra-

133. Informe del Parlamento Europeo sobre la propuesta de Directiva del Parlamento Europeo y del Consejo relativa a la mejora de las condiciones laborales en el trabajo en plataformas digitales, de 21-12-2022. La Directiva fue aprobada el 23 de octubre de 2024 (2024/2831).

ción y Asilo vuelve a endurecer la política migratoria de la UE; crea puentes de cooperación con otros países, que servirán de contención de la inmigración irregular mediante la consagración de la dinámica de externalización de los flujos; triplica la presencia de la Agencia Europea de la Guardia de Fronteras y Costas (Frontex) y se instaura la cartera del Comisariado para el Mediterráneo. Este endurecimiento vaticina una época particularmente sombría para la democracia y el respeto de los derechos humanos, con el segundo mandato de Von der Leyen y bajo la presión tanto de los países del Este como, ahora, de Alemania, Italia, Países Bajos y Francia. Polonia planea suprimir simple y llanamente el derecho sagrado de asilo (¡y es el Gobierno de centro que lo impulsa!); Alemania cierra todas sus fronteras; Francia propone facilitar, en 2025, expulsiones sistemáticas de extranjeros y blindarse frente a los refugiados, y todos están de acuerdo para crear campos de internamiento de los peticionarios de asilo e inmigrantes fuera de Europa (especialmente en África). En complicidad con el Gobierno neofascista de Italia de Georgia Meloni, y la mayoría conservadora del Parlamento Europeo, respaldada por la extrema derecha, la nueva Comisión tiene previsto apuntalar esos objetivos. En vez de favorecer una cooperación solidaria y efectiva con los países de origen, la UE toma iniciativas que incentivan sus propios intereses: promocionar la inmigración cualificada vinculada a los denominados «oficios en tensión» con el fin de dar respuesta al vaciado de trabajadores nacionales para ocupar empleos «más tecnificados». Un vaciado de cerebros de los países de origen, que, conscientes de esta política, la rechazan de lleno.

Por otra parte, se plantea reforzar el presupuesto, a largo plazo, de la UE, sobre todo en previsión de la ampliación de Ucrania y otros países; pero el continente Sur queda, de nuevo, sin hoja de ruta, si bien sabemos que es el gran desafío de este siglo. En definitiva, es un programa que sigue determinado por la misma visión tecnocrática y por la subestimación de las consecuencias sociales de la orientación económica elegida. Es incapaz de frenar el auge del neofascismo y del populismo de extrema derecha en suelo europeo.

EL BIENVENIDO INFORME DE MARIO DRAGHI

Este libro ya se encontraba en proceso de edición cuando, el 9 de septiembre, se divulga el detallado informe de Mario Draghi sobre la competitividad de la economía europea, elaborado a iniciativa de la presidenta de la Comisión, Ursula von der Leyen. Unos meses antes, el 18 de abril, se había publicado el balance de su colega Enrico Letta sobre el mercado interior, presentado ese día en la reunión de los veintisiete celebrada en Bruselas.

Con el significativo título *El futuro de la competitividad europea*, el informe de Draghi proporciona, por primera vez, una evaluación aguda e implacable de los últimos treinta años de política económica europea, y se atreve a hacerlo con el arrojo del que ha carecido, y sigue careciendo, la mayoría de las élites políticas gobernantes de Europa: el banquero más importante de la Europa neoliberal actual ofrece un diagnóstico sin paños calientes; él, que salvó la viabilidad del euro en 2015, pone ahora sobre una mesa de urgencias el «desafío existencial» que atraviesa Europa si no se hace nada para sacarla del estancamiento en el que se halla sumida desde la introducción del euro.

Si este informe, que contiene buena parte de las observaciones críticas desarrolladas en este ensayo, hubiera sido escrito por cualquier otro economista, seguramente habría sido depositado, por las élites europeas biempensantes, en el cajón reservado a las tediosas lamentaciones contra el proyecto neoliberal europeo. Ahora bien, es el expresidente del Banco Central, el expresidente del Gobierno italiano, el autor de esta dramática visión sobre el presente y el porvenir de la UE, que viene a completar la de su compatriota Enrico Letta, también excomisario europeo y expresidente italiano. Hay convergencias entre sus respectivos análisis, y, ante todo, un punto de partida teórico: el rumbo actual de la UE persiste en el estancamiento, la «última oportunidad» aconseja un cambio de método e incluso, según Draghi, de enfoque político e institucional.

El balance del expresidente del BCE es, en efecto, abrumador. Me detendré en él para reiterar algunos elementos clave. Así, subraya la preocupante brecha económica que, en los últimos veinte años, separa Europa de sus principales competidores, China y Estados Unidos, y que atribuye *a la carencia de proyección de futuro del capitalismo financiero europeo:* políticas de desindustrialización y deslocalizaciones, envejecimiento de la estructura industrial europea (véase hoy la grave crisis del modelo alemán), falta de coordinación de las políticas europeas de descarbonización; pérdida de competitividad tecnológica debido a deficientes inversiones en investigación y desarrollo; caída de la productividad; falta de coherencia entre las políticas nacionales para hacer frente a los retos tecnológicos modernos (coincide con Letta también en esta cuestión), en particular, por la dependencia respecto de las tecnologías digitales asiáticas; distancia exponencial entre el PIB de la UE y el de EE.UU. (del 15%, en 2002, al 30% en 2023, es decir, el doble en veinte años); ausencia de una estrategia común para reducir la dependencia de las materias primas chinas; laberintos burocráticos característicos de la tecnoestructura europea, que limitan la competencia en un contexto comercial mundial muy tenso; escasez de inversiones significativas y de armonización en los sistemas de defensa europeos, etcétera.

Aunque podríamos seguir mencionando otros temas rigurosamente analizados en este diagnóstico, con los que es difícil no estar de acuerdo, prefiero aprovechar este espacio final para comentar la otra cuestión principal: las soluciones y la orientación ideológica que contempla Draghi, como una «última oportunidad» para relanzar el proyecto europeo.

Dentro del abanico de soluciones, hay propuestas que se antojan evidentes: implementar urgentemente políticas coordinadas y audaces para promover el inmenso potencial de innovación de Europa; financiar un gran plan europeo de recuperación (tesis que reitero en este ensayo, y que han señalado los analistas no correligionarios del credo oficial desde la adopción del euro), invirtiendo, según estima Draghi, al menos 800 mil millones de euros, es decir, el 5% del PIB europeo (más de lo adoptado a propósito de la pandemia de la covid-19), en deudas comunes, mutualizadas, lo que incrementaría la producción europea en un 6% en quince años (según simulaciones del FMI). También es preciso potenciar, en la línea de Enrico Letta, la creación de mercados de capitales unificados y la de la unión bancaria europea, además de movilizar capital privado a través de incentivos fiscales (una propuesta débil que ha demostrado su ineficacia hace mucho tiempo); y, sobre todo, a juicio de Draghi, aumentar los poderes de decisión de la Comisión Europea, especialmente mediante la supresión del derecho de veto de los Estados miembros, que sería reemplazado por el voto por mayoría cualificada.

Ahora bien, al hilo de la lectura de dicho catálogo de soluciones, se deja entrever en el informe la verdadera repercusión de la filiación ideológica de Draghi: como representante y, podría decirse, intelectual orgánico del neoliberalismo globalizado, además de exresponsable del banco estadounidense Goldman Sachs, se afana, en última instancia, por poner todo el poder económico en manos de la élite tecnocrática europea, no sujeta al control de los Estados-nación, que son, precisamente, los que deben rendir cuentas a sus ciudadanos. La solución final de Draghi no es sino la instauración de una suerte de despotismo ilustrado *eurocrático*, que viene a oscurecer la virtualidad de las medidas propuestas. Es consciente de que el Parlamento Europeo no tiene un poder decisorio –y no parece convencido de que sería lo deseable–, para ejercer de contrapeso de las políticas de la Comisión y encarnar una auténtica soberanía europea capaz de diseñar democráticamente un proyecto común, económico, social y político. En consecuencia, para salvar al neoliberalismo europeo del grave debilitamiento que este mismo credo ha provocado en Europa, y a espaldas de los pueblos, Draghi pretende, como en un circuito cerrado, reforzarlo apelando ahora al ahorro de los ciudadanos, sin ningún control por parte de sus respectivos Estados democráticamente elegidos.

En otras palabras, es un informe que demanda paradójicamente más financiación común ¡en nombre del fortalecimiento del neoliberalismo! Así pues, no es casualidad que la presidenta del BCE, Christine Lagarde, haya secundado «al 100%» las propuestas de

Draghi. Sin embargo, y sin duda por otros motivos ajenos a ese discurso (rechazo de la solidaridad europea), el ministro alemán de Finanzas, Christian Lindner, así como el primer ministro neerlandés, Dick Schoof, se han opuesto rotundamente a adoptarlas.

Por su parte, Ursula von der Leyen, satisfecha con las posibles repercusiones del informe que encargó al banquero italiano, pondrá en marcha sólo aquellas medidas aceptadas por los Estados miembros, pero aprovechará los poderes que se le otorgan, en calidad de presidenta de la Comisión más conservadora de Europa desde los tiempos sombríos de Barroso, para recortar, como baraja Draghi, la financiación de la transición energética y, sobre todo, para arrinconar, durante los próximos cinco años, cualquier proyecto de política social europea, mencionado someramente en el informe.

Es importante, pues, entender que el problema no es oponerse a la recuperación europea preconizada por el informe de Draghi, basándose únicamente sobre las prerrogativas del Estado-nación. Está más claro que nunca que la única manera con la que cuenta Europa para existir en el mundo despiadado de las grandes potencias económicas es unirse y avanzar hacia la creación institucional de una entidad común, democrática y solidaria. En este sentido, Europa no es sólo una opción, es más una necesidad. La cuestión es saber si, ante este desafío, será capaz de salvar su modelo social de civilización, pues el proyecto europeo, pese a todas sus carencias y contradicciones, es lo mejor que han inventado las naciones de Europa en su secular historia, aunque sólo sea porque apela a su unión voluntaria contra la tradición de violencia del pasado. Pero padece actualmente las consecuencias nefastas del modelo antisocial vigente. Europa se halla en una encrucijada entre el estancamiento y el renacimiento. Mantenerse en la misma senda no hará más que escarbar en las heridas sociales y agravar la impotencia y las regresiones nacionalistas. La esperanza está en vías de extinción; la paciencia de los pueblos y sus gentes se agota... Es preciso liberar Europa de sus cadenas neoliberales, es preciso un renacimiento que, ante todo, y sobre todo, impulse el bienestar social de los ciudadanos, que son los que sostienen la construcción europea.

Agradecimientos

Quiero agradecer a todos aquellos que me han seguido en la elaboración de este ensayo, tanto por sus comentarios y aportaciones como por sus críticas, siempre fructíferas. Entre ellos me complace particularmente señalar a Esther Pomares, por su traducción al castellano y su preciosa ayuda para mejorar este libro, a los profesores James Cohen y Javier de Lucas, por sus lecturas detalladas y comentarios agudos, y a Enrique Barón, expresidente del Parlamento Europeo, por haber compartido conmigo sus reflexiones sobre esta institución. Por supuesto, soy el único responsable de las tesis e ideas formuladas aquí, sin comprometer a nadie más. Mis agradecimientos van también a mi editor y amigo Joan Tarrida por su paciencia y confianza, a Lidia Rey, que ha seguido con su profesionalidad habitual los pasos de la edición de este trabajo, y a Mónica Monteys por su meticulosa labor de correctora.